_{現役の}
_{会計学教授}
_{が書いた} 会計の得する知識と

株式投資の必勝法

青山学院大学教授
榊原正幸

税務経理協会

はじめに

　こんにちは。私は青山学院大学大学院のビジネススクールで教授をしています。
　大学院のビジネススクールというところが「即戦力となる実践的な知識を習得する場」であることもあって、本書では実践的で、「知って得する会計の知識」を取り扱っています。学術的な難しい話には触れずに、できる限りわかりやすく、かつ、役に立つ知識を色々と披露しています。

　本書は2部構成になっています。第1部は「アカウンティング基礎」と題して、会計の基礎知識を取り扱っており、第2部で、会計の基礎知識を用いた堅実で科学的な株式投資の手法について論じています。
　第1部の「アカウンティング基礎」では、まず簿記の基本から始めて、財務諸表の見方と財務分析の基礎について論じていきます。そして、減価償却の理論とそれを応用した「知って得する知識」について解説します。
　また第6講では、「不動産投資と会計」と題して、不動産投資のリスクとリターンについてわかりやすく解説します。これからやってくる人生100年時代に備えて不動産投資をお考えの方には、不動産投資を始められる前に必ずお読みいただきたい留意事項を盛り込みました。
　そして第1部の最後に、税務会計の論点の中から、所得税の理論体系を取り上げて解説しています。税務会計の論点としては法人税を取り上げた書物が多いのですが、ここでは敢えて個人所得税の理論体系について取り扱いました。個人に課される所得税というのが、とりわけ実生活に直接関係するものだからです。ここでも、「知って得する」、いや、「知らないと損をする」という知識を中心に解説しました。

第2部は「会計情報に基づく株式投資の必勝法　～損切り知らずの投資法～」というタイトルです。株式投資で損をしたくない人は必読です。

　私は会計情報と株価の関係について実践的な視座から研究しており，それを応用して株式投資で良好な成果をあげることができています。そのノウハウを余すところなく伝授いたします。

　私の株式投資歴はおよそ30年なのですが，その前半の10年は暗黒時代でした。勘だけが頼りの行き当たりばったりの投資で，儲かったり損をしたり。年間通算ではマイナスになることも多く，とにかく暗中模索の投資でした。しかし，1997年に東北大学に会計学の教官として着任してからは，「せっかく会計学の知識があるのだから」ということで，会計情報を活用しながら，それを株式投資の実践に応用していくことで，見違えるほど良好なパフォーマンスを達成できるようになりました。

　その後，2005年4月に株式投資に関する最初の著書を上梓してから2018年3月に前著の「堅実で科学的な株式投資法」(PHP研究所刊)を上梓するまで，株式投資に関する著書を13年間で15冊ほど上梓してきました。堅実で科学的な株式投資の手法というのは日進月歩で進化していくべきものであり，私自身，現在も進化の過程にあるわけですが，本書の第2部は，それらの株式投資に関する著作の2018年8月時点における集大成として位置づけることができます。

　まず，銘柄選別の手法を解説し，「年金代わりの長期投資の手法」・「貸借対照表からみた割安株への中期投資の手法」・「増益企業への短期投資の手法」という順に解説していきます。

　株式投資には損失のリスクもつきものですが，誰でも損はしたくないものです。そこで，本書の第2部では，「損切り知らずの投資法」ということに力を注ぎました。「百聞は一読にしかず」というわけで，本書の第2部をじっくりとお読みいただければ，損切り知らずの投資法の戦略的な体系をご理解いただけるものと思います。

　皆様の資産形成に資することができれば幸いです。

はじめに

それでは第 1 部から始めていきましょう。

平成 31 年 1 月

榊原正幸

目　　次

はじめに

第1部　アカウンティング基礎 …………………………………… 1

第1講　はじめは簿記の入門編から ………………………………… 3
第1節　序 ……………………………………………………… 3
第2節　簿記の基本 …………………………………………… 4
第3節　仕訳のルール ………………………………………… 11
第4節　仕訳のルールのまとめ ……………………………… 14

第2講　財務諸表の見方　1　貸借対照表 ………………… 17
第1節　貸借対照表 …………………………………………… 17
第2節　貸借対照表が示す基本的なこと …………………… 28

第3講　財務諸表の見方　2　損益計算書 ………………… 31

第4講　財務分析の基礎 ……………………………………………… 35

第5講　減価償却の理論と応用 …………………………………… 39
第1節　基　礎　理　論 ……………………………………… 39
　［1］　問　題　提　起 ……………………………………… 39
　［2］　減価と減価償却の意義 …………………………… 39
第2節　減価償却の応用 ……………………………………… 42
　応用1．フェラーリとレクサス ………………………… 42
　応用2．分譲か賃貸か ……………………………………… 53
　［1］　居住期間別に4つのケースに分けた分析 ………… 53

1

［２］「土地神話」と「分譲か賃貸か」という問題の本質 ……… 57

第６講　不動産投資と会計
　　　～不動産投資のリスクとリターンについて～ ……………… 63
　第１節　不動産投資に潜むリスク ……………………………… 63
　第２節　新築のワンルームマンション投資は，
　　　　　ほとんどが採算は合わない …………………………… 66
　　［１］「表面利回り」の真相　～手取りの利回りは，かなり低い～ 67
　　［２］「表面利回りが５％」は低すぎる！ ………………………… 68
　　［３］不動産投資の本当のうま味　～リスクを取ってでも
　　　　　やっておきたい不動産投資の本当のリターン～ …………… 75

第７講　個人所得税の理論 …………………………………… 85
　第１節　所得税の計算の概要 …………………………………… 85
　第２節　各種所得の金額の計算 ………………………………… 86
　　［１］10種類の所得分類 …………………………………………… 86
　　［２］10種類の所得の計算式 ……………………………………… 86
　　［３］10種類の所得分類における節税ポイント ………………… 90
　　［４］クロヨン問題をきっかけに，10種類の所得の安定性に着目 … 96
　第３節　所得控除 ……………………………………………… 100
　　［１］物　的　控　除 ……………………………………………… 100
　　［２］人　的　控　除 ……………………………………………… 104
　第４節　税額の計算 …………………………………………… 106
　第５節　法人化による税金対策 ……………………………… 108
　第６節　代表的な税額控除 …………………………………… 109

第２部　会計情報に基づく株式投資の必勝法
　　　～損切り知らずの投資法～ …………………………… 113

第８講　銘柄選別の手法 ……………………………………… 119

第 1 節　銘柄選別の基本ポリシー ………………………………… 119
　第 2 節　国際優良企業の選別基準 ………………………………… 120
　第 3 節　財務優良企業の選別基準 ………………………………… 123

第 9 講　年金代わりの長期投資の手法 ……………………………… 133
　第 1 節　基 本 編 ……………………………………………………… 133
　　［1］　インカムゲインとキャピタルゲインの両取り ………… 133
　　［2］　初心者向きであり，
　　　　　かつ奥義を究めた投資家にも向いている ………………… 134
　　［3］　本書で解説する長期投資の留意点 ……………………… 135
　第 2 節　売買の手法　～長期投資の基本的な考え方～ ……… 135
　　［1］　長期投資の前提 ……………………………………………… 135
　　［2］　安定高配当銘柄の選別基準 ………………………………… 137
　　［3］　買い値と売り値の決定 ……………………………………… 141
　第 3 節　具 体 例 ……………………………………………………… 142
　　［1］　小松製作所（6301） ………………………………………… 142
　　［2］　本田技研工業（7267） ……………………………………… 149
　　［3］　武田薬品工業（4502） ……………………………………… 155
　　［4］　キヤノン（7751） …………………………………………… 161
　第 4 節　代表的な 4 銘柄の投資シミュレーション ……………… 166
　　［1］　投資シミュレーションの前提 ……………………………… 167
　　［2］　投資シミュレーションの結果 ……………………………… 168
　　［3］　総　　評 ……………………………………………………… 171
　　［4］　長期投資による「上流老人」の生活イメージ ………… 172

第 10 講　貸借対照表からみた割安株への中期投資の手法 … 175
　第 1 節　基 本 編 ……………………………………………………… 175
　第 2 節　銘柄選別の手順と売買の戦略 …………………………… 181
　第 3 節　具 体 例 ……………………………………………………… 182
　　［1］　国際石油開発帝石（1605） ………………………………… 183

［２］　新日鐵住金（5401）……………………………………185
　　［３］　石油資源開発（1662）……………………………………186
　　［４］　ゼビオHD（8281）………………………………………187

第11講　増益企業への短期投資の手法 …………………… 191
　第１節　基　本　編………………………………………………191
　第２節　業績チェックリストの作成 ……………………………192
　第３節　評価点方式による投資対象の選定と売買の戦略……198
　　［１］　評価点方式による投資対象の選定 ……………………198
　　［２］　売買の戦略 ………………………………………………202
　第４節　投資種類別の投資法 ……………………………………203
　　［１］　成長株への投資は高値づかみの恐怖感との戦い ……203
　　［２］　「安心割安株」と「通常割安株」という概念 …………206
　　［３］　究極の勝率「８割超え！」……………………………208
　第５節　損切り知らずの投資法１
　　　　　中期投資・長期投資へ切り替えちゃいます！…………210
　　［１］　安心割安株に関する損切り知らずの投資法 …………210
　　［２］　中期投資に切り替えてしまう事例
　　　　　ゼビオHD（8281）を例として …………………………214
　　［３］　長期投資に切り替えてしまう事例
　　　　　本田技研工業（7267）を例として ………………………217
　第６節　損切り知らずの投資法２　～短期投資で失敗した
　　　　　事例でも期限を６ヶ月まで延長すれば，
　　　　　損切りは回避できます～……………………………………218
　第７節　損切り知らずの投資についてまとめます ……………224
　　［１］　安心割安株に関する損切り知らずの投資について …224
　　［２］　成長株と通常割安株に関する損切り知らずの投資について …225
　　［３］　まとめとナンピン買いについて ………………………226

第8節　増益企業への短期投資の売買の手法について
　　　　まとめます……………………………………………227
　［1］　投資の前提と売買の手法についてまとめます ……………227
　［2］　短期投資と中期投資と長期投資の構造的関係について ……231

第 1 部
アカウンティング基礎

第1講　はじめは簿記の入門編から

第1節　序

　アカウンティングというのは,「会計学」を横文字にした名称です。アカウンティングとか会計学というと,みなさんはどんなイメージをお持ちでしょうか。「難しい」とか「高度な数学を使うのじゃないか」とか思う方もいらっしゃるでしょう。

　しかし実際には,難しいこともありませんし,高度な数学を使うこともありません。もちろん,会計学も上級者向けになれば難しいですし,高度な数学を使うこともありますが,それは会計学の専門家になるための上級編のお話です。本書では,アカウンティングの基礎的な内容を取り扱いますから,難しいことはありませんし,それよりもむしろ,「おもしろい」という感想を持っていただけるような内容になるように工夫してあります。

　また,アカウンティング（会計学,以下同じ）の領域の中でも,実用性に富んだ内容を取りそろえました。文字通り,「知ってて得する！」という内容をたくさん盛り込みました。

　私は20歳の頃から「会計学」を専攻して,はや35年以上の月日が流れました。私自身,アカウンティングを「知ってて得した！」ということが非常に多く,枚挙にいとまがありません。金額にしたら,生涯通算で数百万円どころか何千万円も得をしてきたと思います。

　そういった「知ってて得する！会計学」を皆様にお伝えしようと思って,この原稿を書き始めました。高度な理論は横に置いておいて,実践的で実利に適ったアカウンティングのお話をしていこうと思います。

さて、まず、アカウンティングの基本には「簿記」があります。簿記のルールと基本的な手続の流れを知っておくことが、アカウンティングの手始めとして必要な内容です。そこで本講の以下で、簿記のルールと基本的な手続の流れをみていくことにします。

第2節　簿記の基本

（1）　簿記とは

身近にあるこづかい帳（金銭出納帳）に現金の出入りを記録するのも簿記のひとつですが、それは「単式簿記」といいます。

しかし、会社における「会計上の取引」は、現金による取引だけとは限らず、様々な取引が行われます。それに対処するためのメカニズムをもった記帳法として「複式簿記」による記録法があります。一般に「簿記」という場合には、この「複式簿記」のことを意味しています。

また、簿記を勉強する場合には、各人が会社経営者になったつもりで、一個人としてではなく、**「常に会社の立場で考える」**ことが重要です。一個人として考えるのと「会社の立場で考える」のとで典型的に異なるのは、「給料」です。一個人として考えると「給料」は「もらうもの」ですが、会社の立場で考えると「給料」は「支払うもの」です。このように一個人として考えるのと「会社の立場で考える」のとではとらえ方が異なる場面があります。簿記会計では、常に会社の立場で考えるのです。

（2）　簿記会計の目的

簿記や会計を行うことの目的としては諸説がありますが、概ね次の3つにまとめることができます。

① 記録
② 計算（資産・負債・純資産の計算と利益の計算）
③ 報告

すなわち、まずは「会計上の取引」を正確に記録することが簿記会計の第1の目的です。「会計上の取引」を普通仕訳帳と元帳に記録します。

そして、それを基にして財政状態の計算と利益の計算をするのが第2の目的です。試算表と精算表を作成して、資産・負債・純資産の額を計算し、当期純利益の額を計算します。

このようにして計算した額を外部の利害関係者（ステークホルダー）に報告するために「貸借対照表」・「損益計算書」を作成します。これが簿記会計の第3の目的です。

（3）「会計上の取引」とは

「会計上の取引」とはどういうものを指すのかを、初学者向けに一言で述べるとすれば「お金やもののやりとりがあったら会計上の取引になる」ということになります。

＜例1＞

お客さんがお店に来て、色々と商品を見ていったが、何も買わずに帰って行った。

→この場合、お金やもののやりとりがなかったので、会計上の取引にはなりません。

＜例2＞

お客さんがお店に来て、商品を買っていった。

→この場合、お金やもののやりとりがあったので、会計上の取引になります。

＜例3＞

新しく従業員を雇うことにして広告を出していたところ、希望者があり、面接の結果、採用することになり雇用契約を結んだ。

→この場合、雇用契約は結んだが、お金やもののやりとりがなかったので、会計上の取引にはなりません。

＜例4＞

この新しい従業員に初めての給料を支給した。

→この場合，お金のやりとりがあったので，会計上の取引になります。

（4） 簿記における5つのグループ分け

　簿記では，何らかの会計上の取引が発生したら，それを一定の項目（これを「勘定科目」または「勘定」といいます）で記帳します。そして，この「勘定科目」は次の5つのグループのいずれかに必ず属します。
・資産
・負債
・純資産　　の3つと
・費用
・収益　　の2つの計5つです。

　本書の第1講は，日本商工会議所の簿記検定試験の3級程度の内容を予定しています。簿記検定試験の3級試験において用いられる「勘定科目」には，次の一覧表のようなものがあります。

表 1 － 1　勘定科目表

資産	負債	純資産	費用	収益
現金	買掛金	資本金	仕入	売上
小口現金	支払手形	引出金	給料	商品販売益
当座預金	借入金	当期純利益	広告費	受取地代
預金	手形借入金		通信費	受取利息
定期預金	当座借越		光熱費	受取手数料
売掛金	仮受金		営業費	有価証券評価益
受取手形	預り金		事務費	有価証券売却益
貸付金	未払金		修繕費	固定資産売却益
手形貸付金	未払費用		手形割引料	貸倒引当金戻入
商品	商品券		消耗品費	雑益
繰越商品			貸倒損失	
売買目的有価証券			旅費	
消耗品			支払家賃	
仮払金			支払地代	
前払金			支払利息	
未収金			支払手数料	
前渡金			支払保険料	
立替金			減価償却費	
建物			有価証券評価損	
機械			有価証券売却損	
船舶			固定資産売却損	
車両運搬具			貸倒引当金繰入	
工具			雑費	
器具			雑損	
備品				
土地				
前払費用				
未収収益				

（5） 各グループの性質

この勘定科目表を暗記しようとしたら大変なことになります。そこで，5つのグループの性質を以下で説明しますので，その5つだけを覚えるようにします。そうすることによって，数多くの勘定科目を5つのグループに分類することができるようになります。

① 資産の性質

会社の財産や権利となるものが資産です。換言すれば，売却したり決済したりすることによって，将来において現金として回収できる価値をもつものが資産です。

> ＜暗記＞　資産　＝　財産・権利・売却価値のあるもの

② 負債の性質

会社が借りをつくった状態を示す勘定科目が負債です。換言すれば，会社が後に支払の義務を負ったことになる内容の勘定科目が負債です。

> ＜暗記＞　負債　＝　借財・後における支払の義務

③ 純資産の性質

会社の「もとで」となるものが純資産です。純資産の定義は，理論的には難解なものもありますが，ここでは次の公式だけを理解しておけばOKです。

> ＜暗記＞　資産総額　－　負債総額　＝　純資産の額

④ 費用の性質

いわゆる会社の「経費」となるものが費用です。何らかのサービスや便益等を受けたことに対する対価としての出費であり，形のあるものが残らないような支出がこれにあたります。

> ＜暗記＞　費用　＝　サービスや便益等に対する対価としての出費・
> 　　　　　　　　　　形のあるものが残らない支出

建物や備品を購入した時も支出を伴いますが，（建物や備品といった）形のあるものが残り，後に売却すればいくらかの現金が回収できるという点で，資産に対する支出と，費用としての支出とは性質が異なります。資産に対する支出は形のあるものが残りますが，費用としての支出は，光熱費や給料といったように形のあるものが残りません。

また，資産に対する支出は，「現金」という資産が「建物」や「備品」という資産に変わっただけ（資産の種類が変わっただけ）ですが，費用に対する支出は，「現金」という資産で光熱費や給料といったような経費（費用）を支払っています。

資産に対する支出 ── 「資産」が別の種類の「資産」に変わっただけ

費用に対する支出 ── 「資産」が「費用」に変わっている

この違いをしっかりと把握することによって，「会計的センス」が身についたということになります。

なお，例外がひとつだけあります。「仕入」です。「仕入」は仕入れた商品という形のあるものが残りますが，例外的に費用とします。仕入れた商品は売却することを前提としており，「売上」という収益と対応させることが明らかなため，（「仕入」は形のあるものが残りますが，）例外的に資産として計上せず，費用として認識します。

⑤ 収益の性質

会社の「もうけ」となるものが収益です。ここでいう「もうけ」とは**「もうけの総額」**を意味します。典型的な収益項目である「売上」を用いて簡潔に説明します。

たとえば100円で仕入れたものを150円で売った場合，もうけは50円ですが，この50円は「収益」ではなく，「利益」です。「収益」は，もうけの総額である売上高の150円です。

「収益」 ＝ もうけの総額である売上高の150円 ＝ 総額概念

「利益」 ＝ 売上（収益 150円） － 仕入（費用 100円） ＝ 50円

　　　　　　＝　純額概念

<暗記>　収益　＝　もうけの総額

（6）　会計期間と期間損益計算

　会計の基本的な概念である「会計期間」という概念と「期間損益計算」という用語を併せて説明します。

　簿記会計は，会社の日々の取引を記録し，それをもとにして資産・負債・純資産の状況（財政状態）や損益の金額（経営成績）を測定して，その会社の利害関係者に知らせるために行います。

　では，この財政状態および経営成績はいつ測定されるのでしょうか。毎日行うのでしょうか，それとも会社の社長がふと思い立った時に行うのでしょうか。どちらも不適当です。適切なのは，ある一定の時を定めて，定期的に財政状態および経営成績を測定することです。

　このことに関して，会計学では「期間損益計算」を前提にしています。すなわち，継続する企業活動に対して一定の「期間」を区切って，「損益」を「計算」することとしているのです。この一定の「期間」は，1年とされ，これを「会計期間」とします。会計期間は4月1日から3月31日とされることが多いですが，会社が決めた期間を会計期間とします。身近な例でたとえるならば，日本の学校は4月1日から3月31日までの期間を「学年」と称してひとつの区切りとしています。これと同じようなものと考えればよいでしょう。

　そして，期末において「決算」を行い，財政状態および経営成績を測定します。21世紀に入ってから，大企業においては，会計期間を3ヶ月ごとに区切って決算を行う「四半期決算」が定着しています。

（7）　第2節のまとめ

　この節では，簿記の中で最も基本的な事項である。

(1)　勘定の意味とつかい方

(2)　5つのグループの性質と勘定の属性

(3) 期間損益計算の前提

について説明しました。以下で，第2節のポイントをまとめておきます。

★　まとめ
　(1) 簿記では資産・負債・純資産・費用・収益の5つのグループが基本となる。
　(2) 何らかの取引が生じたら，それを一定の勘定を用いて記録する。
　(3) 各勘定は，その勘定科目の内容に応じて，5つのグループのうちの1つに必ず属する。
　(4) 財政状態および経営成績は，会計期間の区切りごとに測定される。

★　理解すべきポイント
　(1) 各勘定の内容
　(2) 5つのグループの性質
　(3) 各勘定が5つのグループのどれに属するのかという勘定の分類

★　取引と勘定科目との対応
　ある取引がどのような勘定で表されるのかというのは，まさに「習うより慣れよ」であると言わざるを得ない。練習問題を数多くこなして慣れていくしか方法はなく，また，そうすれば必ず身についていくものです。

第3節　仕訳のルール

次に，仕訳（しわけ）について解説していきます。

(1) 仕訳とは

　仕訳とは，何らかの会計上の取引が行われ，それを複式簿記によって記帳するときの最初の処理のことです。この仕訳をするときに，第2節で学んだ「勘定」と「5つのグループへの属性」が必要になります。

(2) 仕訳のルール

　仕訳には一定のルールがあります。たとえば，トランプや麻雀をするときにも一定のルールがあって，まずそれを覚えてからゲームをしますね。それと同じように，簿記でもまず一定の仕訳のルールを覚えて，それから，そのルールに従って実際に記帳していきます。

　では，そのルールを示します。簡単な3つのルールですから，しっかりと理解して下さい。

［ルール1］　複式簿記では，1つの取引に対して常に2つの側面からその事実をとらえ，それを仕訳のきまりに則って左右一対で記録していきます。複式簿記（double entry）といわれるゆえんです。

［ルール2］　左右一対の仕訳のきまり

	増加	減少
資産	左	右
負債	右	左
純資産	右	左

	発生（注）	（控除・振替等）
費用	左	右
収益	右	左

（注）　資産・負債・純資産が増えたときには「増加」といい，費用・収益が増えたときには「発生」といいます。このように，会計学の考え方に基づいて言葉の使い方に違いがでてきますが，どちらも金額が増えることを意味しています。
　　　　なお，費用・収益が減るということはあまりないが（会計学上，「発生」の反意語はないが），実際上は「控除」や「振替」というかたちであらわれてきますので，上の表には「控除・振替等」として含めてあります。

［ルール3］　仕訳をするときは，［ルール2］に従って左と右に勘定科目と金額を記録します。
　　　　　　このとき，左と右の縦の合計額は常に一致します。

では以下で，具体例を用いて詳しく解説します。

【具体例】
(1) 最初に，会社の所有経営者となる人が，現金 1,000,000 円を出資して開業したとします。このとき，会社としては，現金という資産が 1,000,000 円増加し，また一面では，資本金という純資産が 1,000,000 円増加しました。
　　そこで，［ルール２］の表に従って仕訳をすると次のようになります。
　　　　　　　左　　　　　　　　　　右
　（現金）　1,000,000　　　　　（資本金）　1,000,000 円
　　考え方は，次のようになります。
① 現金が 1,000,000 円増え，資本金も 1,000,000 円増えた。——事実を二側面からとらえる。
② 現金は資産で，資本金は純資産である。——５つのグループ分け
③ 資産の増加は左，純資産の増加は右である。——［ルール２］の表より。
④ ならば，
　（現金）　1,000,000　　　　　（資本金）　1,000,000
　　となる。
このような思考過程を経て処理することにより，仕訳が完成します。
(2) 次に，300,000 円の事務用机（勘定科目は「備品」）を現金で購入したとします。
　　思考の順番は，次のとおりです。
① 現金が 300,000 円減って，備品が 300,000 円増えた。——事実を二側面からとらえる。
② 現金は資産で，備品も資産である。——５つのグループ分け
③ 資産の減少は右，資産の増加は左である。——［ルール２］の表より。
④ ならば，
　（備品）　300,000　　　　　（現金）　300,000
　　となる。
(3) 次に，200,000 円分の仕入をして（勘定科目は「仕入」），代金の半分を現

金で支払い，残額を掛とした（勘定科目は「買掛金」）とします。

思考の順番は，次のとおりです。

① 仕入が 200,000 円発生した。その代金支払いの側面として，現金が 100,000 円減ると同時に，買掛金が 100,000 円増えた。—— 事実を二側面からとらえる。

② 仕入は費用で，現金は資産で，買掛金は負債である。—— 5つのグループ分け

③ 費用の発生は左で，資産の減少は右，負債の増加は右である。——［ルール2］の表より。

④ ならば，

（仕入）　200,000　　　　　　（現金）　100,000
　　　　　　　　　　　　　　　（買掛金）100,000

となる。

さて，このとき，［ルール3］が機能することになります。［ルール3］は，「左と右の縦の合計額は常に一致する」というものでした。

この (3) の仕訳では左の合計額は 200,000 円であり，右の合計額も 200,000 円です。そもそも仕訳とは，「1つの取引」について「二側面」からとらえています。この仕訳の左側はその「原因」を，右側はその「支払手段」を示していますので，「左と右の縦の合計額は常に一致する」のです。

第4節　仕訳のルールのまとめ

第3節で仕訳のルールを一通り解説しました。ここではそれをまとめるとともに，もう一歩突っ込んだ説明をしてみます。

何らかの取引の発生から仕訳までのプロセスは次のとおりでした。

(1) 取引の事実について，常に2つの側面からとらえます。つまり，何が増加もしくは減少し，何が発生したのかを的確にとらえます。

(2) それらはどういった勘定で表されるのかを考えると同時に，それが「5

つのグループ」のうちのどれに属するのかをとらえる。
(3) 仕訳のルールに従って，それらの勘定と金額を左と右に分けて記入します。

このプロセスをフローチャートに示しておきます。

```
取引発生
  ↓
(1) 事実を二側面からとらえる
  ↓
(2) 事実にあてはまる勘定を  →  それがどのグループに属するかを
    決定し                     考えて
                                     ↓
                          (3) 仕訳のルールに従って仕訳する
```

さて次に，あえて順番を前後させましたが，ここで最も基本的で大切な用語を紹介しておかなければなりません。「借方（かりかた）」と「貸方（かしかた）」という用語です。

初学者にわかりやすくするために，ここまで「左」・「右」という言葉を使ってきましたが，簿記では「左」のことを「借方」，「右」のことを「貸方」という用語を使います。

　　（左側＝）　借方　　　　　　（右側＝）　貸方

です。

左・右のことを英語で left・right といいますね。それと同じように，簿記用語では左・右のことを借方・貸方というのです。この用語には，お金を借りるとか貸すという意味は全く含まれておらず，簿記における単なる専門用語です。英語の left には「立ち去った」という意味もありますが，立ち去った時はいつも左に立ち去るわけではないですよね。また，英語の right には「権利」という意味もありますが，権利は常に右手で持つというわけでもありません。それと同じように，「借方」は「借りる」という意味とは切り離して考えますし，

第1部　アカウンティング基礎

「貸方」も「貸す」という意味とは切り離して考えます。

以下では，左・右を借方・貸方という用語で統一していきます。

上の「第3節　仕訳のルール」の［ルール2］の「左右一対の仕訳のきまり」の表を借方・貸方という用語を用いて再掲しておきます。

表1－2　仕訳のルール

	増　加	減　少
資　産	借方	貸方
負　債	貸方	借方
純資産	貸方	借方

	発　生	（控除・振替等）
費　用	借方	貸方
収　益	貸方	借方

最後に，上の表を覚えやすくするために，重要な図を示しておきます。これは，5つのグループの増加・発生の側を基本に図式化したもので，アカウンティングの学習内容にも関係の深いものなので，上の表とあわせて理解して下さい。

借　方	貸　方
資　産	負　債
	純資産

借　方	貸　方
費　用	収　益

第2講　財務諸表の見方　1　貸借対照表

　財務諸表というのは企業の財務状況を表す計算書のことで，その主なものは「貸借対照表」・「損益計算書」・「キャッシュフロー計算書」の3つがあります。これらを「財務3表」といいます。本講では，この財務3表のうち，「貸借対照表」と「損益計算書」について解説していきます。これらの財務諸表を見て，その内容がざっとわかるようになればOKというわけです。
　ここではまず，貸借対照表の見方について重要な点を概観します。

第1節　貸借対照表

　貸借対照表は英語で "Balance Sheet" といいますので，通称「B／S」と呼ばれています。
　B／Sの具体例として，ここでは「勘定式」のB／Sをお示しします。勘定式は，T字勘定の形式で表したB／Sで，資産を借方（左側）に，負債と純資産を貸方（右側）に表記します。
　B／Sには勘定式以外にも「報告式」というのもあります。報告式はT字勘定の形式ではなく，資産と負債と純資産を順番にずらっと書き並べていく形式です。

貸借対照表

青学商事　　平成XY年3月31日

資産の部	負債の部
流動資産	流動負債
	固定負債
固定資産	純資産の部
有形固定資産	株主資本
無形固定資産	資本金
投資等	資本剰余金
	利益剰余金
繰延資産	自己株式
	評価換算差額等
	非支配持分

　資産の部には,「流動資産」・「固定資産」・「繰延資産」の3つの区分があります。

　流動資産とは,文字通り「よく**流**れたり**動**いたりする**資産**」で,頻繁に出入りする資産のグループです。

(1)　流　動　資　産

　流動資産には「正常営業循環基準」と「1年基準」というのがあります。

　まず「正常営業循環基準」とは,「現金・預金・売掛金・受取手形・繰越商品(棚卸資産)については,常に流動資産に表示する」という基準です。これも文字通り「**正常**な**営業**において**循環**するような資産は,常に流動資産に表示するという**基準**」です。

　そして,「1年基準」というのは,「決算日(これを「貸借対照表日」ともいいます)の翌日から起算して1年以内しか保有しない資産を流動資産に表示する

という**基準**」です。これまた文字通りですね。

　この1年基準によって，流動資産に表示される項目は，
・売買目的で短期的に保有する有価証券（「売買目的有価証券」という勘定科目です。）
・決算日の翌日から起算して1年以内に返済を受ける予定の貸付金（「短期貸付金」という勘定科目です。）
・売掛債権（売掛金と受取手形）に対する貸倒引当金
・費用の前払い分（「前払費用」という勘定科目です。）
などです。

　要するに，流動資産というのは，「決算日の翌日から起算して1年以内しか保有しない資産」なのですが，（「正常営業循環基準」によって，）「現金・預金・売掛金・受取手形・繰越商品（棚卸資産）については，常に流動資産に表示される」というわけです。

(2)　固 定 資 産

　固定資産には，「有形固定資産」・「無形固定資産」・「投資等」の3つの区分があります。

①　有形固定資産

　有形固定資産は，次に掲げる8種類の資産です。
・建物
・構築物
・機械
・船舶
・車両運搬具
・工具器具備品
・土地
・建設仮勘定

これは8つに限定されていますので，一気に覚えちゃった方がいいでしょう。それぞれの頭文字を取って，「ケンコウ・キセン・シャコウ・トケン」という呪文で覚えてみて下さい。
・建物（ケン）・構築物（コウ）・機械（キ）・船舶（セン）・車両運搬具（シャ）・工具器具備品（コウ）・土地（ト）・建設仮勘定（ケン）
　なお，「建設仮勘定」というのは建築中の建物です。決算日において建築中の建物があった場合に，それに係るそれまでの原価の額を「建設仮勘定」という勘定科目で表示するのです。

② 無形固定資産
　無形固定資産というのは無形の固定資産ですから，主に権利関係の資産です。「営業権」・「工業所有権」・「鉱業権」・「ソフトウェア」といったものがこれに該当します。

③ 投　資　等
　長期的に保有する資産で，「有形固定資産」・「無形固定資産」に該当しない資産が，この「投資等」に表示されます。「長期的に保有する」というのは，「決算日から1年以上」保有する資産です。たとえば，
・支配目的で長期的に保有する有価証券（「投資有価証券」という勘定科目です。）
・決算日から1年以上先に返済を受ける貸付金（「長期貸付金」という勘定科目です。）
・「長期貸付金」に対する貸倒引当金
・費用の前払い分で決算日から1年以上先に効果を発現するもの（「長期前払費用」という勘定科目です。）
などが「投資等」に該当します。

(3) 繰延資産

　繰延資産については，詳しく説明し始めると，それだけで1講以上かかって

しまいます。しかし，この繰延資産は，「絶滅危惧種」です。すなわち，会計上，できるだけ計上しないようにした方がいいと考えられているのです。ですから，ここでは簡単な概要だけを解説します。

繰延資産というのは，「費用を繰り延べて資産計上したもの」です。ですから，その本質は資産ではなく費用なのですが，その支出の効果が次期以降にも発現すると見込まれる一定の項目については，将来において発生すると見込まれる収益と対応させるために繰り延べ計上するのです。

しかしながら，これは本質的に「費用」なので，換金価値がありません。こういった資産は「擬制資産」と呼ばれ，その他の一般の資産とは区分して表示されます。それが繰延資産です。本質が，資産ではなく費用なので，できるだけ計上しない方がいいということから，「絶滅危惧種」なのです。

具体的な繰延資産項目としては，
・創立費
・開業費
・開発費
・株式交付費
・社債発行費
などがあります。

ただし，いずれも換金価値がない資産であることから，原則として支出時に全額費用処理することが望ましいとされています。また，繰延計上をする場合でも，比較的早期に償却することが要求されています。償却期間は，創立費・開業費・開発費については5年以内，株式交付費については3年以内，社債発行費については社債の償還期間とされています。

(4) 流動負債

流動負債にも流動資産と同様に「正常営業循環基準」と「1年基準」があります。

流動負債の「正常営業循環基準」に該当する項目は，「買掛金」と「支払手形」です。これらは「**正常な営業において循環する負債**」なので，常に流動負債に

表示されます。

そして、1年基準によって、流動負債に表示される項目は、
・決算日の翌日から起算して1年以内に返済する予定の借入金（「短期借入金」という勘定科目です。）
・決算日の翌日から起算して1年以内に償還する予定の社債（「1年以内償還社債」という勘定科目です。）
・費用の未払い分（「未払費用」という勘定科目です。）や「預かり金」
などです。

要するに、流動負債というのは、「決算日の翌日から起算して1年以内に決済する予定の負債」なのですが、（「正常営業循環基準」によって、）「買掛金・支払手形については、常に流動負債に表示される」というわけです。

(5) 固 定 負 債

資産とは異なり、固定負債には「有形」・「無形」・「投資等」の区分はありません。決算日の翌日から起算して1年以上の期間にわたって決済されない負債が固定負債です。

なお、注意しなければいけないのは、「『短期借入金』と『長期借入金』を厳密に区分表示する」という点です。

というのも、たとえば、決算日において5,000万円の借入金があるとします。返済期間は決算日の翌日から起算して5年とします。この場合、「長期借入金」が5,000万円計上されるのではなく、「長期借入金」は4,000万円で、「短期借入金」が1,000万円計上されるのです。なぜならば、決算日における5,000万円の借入金のうち、1,000万円は決算日の翌日から起算して1年以内に返済されるものですから、その分を流動負債に区分して「短期借入金」として計上しなければならないからです。

最後に「純資産の部」ですが、これは「株主資本」と「非支配持分」の2つの区分からなります。

(6) 株主資本

株主資本には，
・資本金
・資本剰余金
・利益剰余金
・自己株式
・評価換算差額等
という項目があります。

　評価・換算差額等は，株主からの拠出資本ではないことから，他の株主資本の項目とは区別して認識される性質のものです。

① 資本金

　資本金は，株主からの出資額のうち，資本金として計上された額を示しています。

② 資本剰余金

　資本剰余金には，「資本準備金」と「その他の資本剰余金」があります。
　まず，「資本準備金」について簡潔に説明します。
　株主からの出資額のうち，その2分の1を超えない金額を資本金に組み入れずに，準備金として積み立てておくことができます。これを資本準備金といいます。
　株主からの出資額は，ひとたび資本金に組み入れてしまうと，それを取り崩すためには株主総会の特別決議を経るなどの厳格な手続が必要になります。そこで，会社としては株主からの出資額をできるだけ資本金には組み入れずに，資本準備金として積み立てておきたいところです。ただし，資本準備金も容易に取り崩せるわけではないので，資本金に近い性質であるといえます。
　「その他の資本剰余金」とは，資本準備金以外の資本剰余金で，主に，資本

金または資本準備金を修正したときに生じた差益です。また，その他資本剰余金には主に，次のものがあります。

・資本準備金の取崩額
・自己株式を処分した際の差額

　なお，会社が配当を支払う場合，資本金はもとより，資本準備金もそのままでは配当原資とすることはできませんが，その他資本剰余金は配当原資とすることができますので，この点が資本準備金とその他の資本剰余金との相違点といえるでしょう。

③　利益剰余金

　利益剰余金は主に次の3つで構成されます。

・利益準備金 ── 会社が配当をする際に会社法によって積み立てることを規定されている準備金で，資本準備金と同じく「法定準備金」ともいわれます。
・任意積立金 ── 企業が利益を原資として任意で積み立てているもので，何かの目的をもったものもあれば，特定の目的はなく積み立てているものもあります。
・未処分利益 ── 当期純利益のうちで配当や役員賞与といった利益処分を行った後の留保利益。

　つまり，利益剰余金は「利益の寄せ集め」です。

④　自己株式

　自社株を保有している場合，ここに表示されます。自己株式は「資本金の控除項目」という本質を持っているため，純資産の部の中にマイナスで表示されます。

―― トピックス　自己株式の歴史的経緯 ――

　自己株式は純資産の部の中にマイナスで表示することとされていますが，ここに至るまでには歴史的な経緯がありました。それは，1980年代における日本のバブル経済とその崩壊が密接に関係しています。

　そもそも，1980年代以前は，自己株式の取得は当時の商法によって，原則的に禁止されていました。自己株式というのは，その企業が発行した株式を自社で買い取るものなので，資本金の減少になるからです。これが極端に進展すると資本金が空洞化してしまい，債権者保護の観点からはあってはならないことなので，当時の商法によって，原則的に禁止されていたのです。

　たとえば，ある会社が1株50円で1億株発行して，全額を資本金に組み入れていれば資本金の金額は50億円となります。その一方で，極端な事例として，1億株のうちの9,900万株を自己株式として買い集めてしまえば，実際の資本金の金額は表示されている資本金の額（50億円）の1％の5,000万円になってしまいます。これでは当時の商法が重視していた「資本の充実」を阻害してしまい，債権者が保護されなくなってしまうというわけです。

　自己株式の取得が「原則的に」禁止されていたということは，「例外的には」認められていたのですが，それはもっぱら，企業合併によってA社がB社を買収した際に，そのB社がA社の株式を所有していた場合が該当します。A社がB社を買収し，その資産を丸ごと買い取った際に，B社がA社の株式を所有していれば，A社は自己株式を取得してしまうわけです。このような場合には，A社は自己株式を流動資産の部に計上し，早期に売却することとされていたのです。

　このように，1980年代までは，自己株式の取得は当時の商法によって原則的に禁止されていたのですが，当時はそれで何も問題はなかったのです。そして，時代はバブルに突入し，いわゆる「エクイティ・ファイナンス」が大ブームになりました。「エクイティ・ファイナンス」とは，「企業による株式発行」のことであり，バブル時代にはとにかく株を発行すればいくらでも買い手がついたため，企業はこぞって新株を発行し，株式市場に株式が溢れかえりました。

　そしてバブルが崩壊します。株価は軒並み大暴落です。そこで政府は，株価対策に追われます。そして政府は気づきます，「そもそも市場に流通している株式が多すぎるじゃないか」と。そして，「エクイティ・ファイナンスで発行しすぎた株式は，発行した会社が自分で買い取れ」と言いたかったのですが，そこに立ちはだかったのが，当時の商法による「自己株式の取得の原則禁止規定」です。発行会社に株式を買い取らせたくても，商法がそれを禁止していたのです。

　そこで政府は「自己株式取得の解禁」に舵を切りました。10年ほどの歳月をかけて自己株式を取得できるように法改正をしていったのです。これによって，「自己株式が流動資産の部に例外的に計上される時代」は終わりを告げました。

　そして，自己株式の本質が「資本金の控除項目」であることに鑑みて，自社株を取得した場合には，これを純資産の部の中にマイナスで表示されることになったのです。

⑤ 評価・換算差額等

評価・換算差額等とは，次に掲げる一定の資産（または負債）の評価または換算の差額をいいます。具体的には次の項目をいいます。

・その他有価証券評価差額金
・土地再評価差額金
・為替換算調整勘定
・繰延ヘッジ損益

これらの項目は，簡単に説明しますと，それぞれ次のようなものです。

・その他有価証券評価差額金

長期保有目的の有価証券に関する時価評価の結果生じる差額。

・土地再評価差額金

「土地の再評価に関する法律」に基づいて，主に大企業等一定の会社が，事業用の土地について時価による評価を行って，その土地の帳簿価額を改定することによって計上された差額。

・為替換算調整勘定

決算日における為替換算差額。

・繰延ヘッジ損益

ヘッジ会計の要件を満たす取引については，その損益が認識されるまで評価差額を繰り延べることができ，その繰り延べた評価差額を繰延ヘッジ損益として貸借対照表の純資産の部に計上します。

(7) 非支配持分

非支配持分とは，従来は「少数株主持分」と呼ばれていたもので，子会社の資本のうち親会社の持分以外の部分のことをいいます。つまり，親会社と子会社を連結して親会社の貸借対照表を作成するわけですが，その親会社の貸借対照表において，子会社の資本のうち親会社の持分に属さない部分のことをいいます。

文章で書くとわかりにくいので，図で示します。

第2講 財務諸表の見方 1 貸借対照表

```
      親会社 B/S                               子会社 B/S
┌─────────┬─────────┐                    ┌─────────┬─────────┐
│ 諸資産   │負債・純資産│                   │ 諸資産   │負債・純資産│
│  2,200  │  3,000  │   親会社が          │  1,000  │  1,000  │
├─────────┤         │   子会社の          └─────────┴─────────┘
│子会社株式│         │   80%を所有
│   800   │         │
└─────────┴─────────┘
```

左が親会社の貸借対照表で，右が子会社の貸借対照表です。子会社の総資産額は1,000で，親会社が子会社の80％を所有していて，「子会社株式」として親会社の貸借対照表に800が計上されています。

これを合併するとどうなるかですが，まず単純な合併貸借対照表をお示しします。

```
         単純な合併 B/S
┌──────────────┬──────────────┐
│              │              │
│  諸資産      │ 負債・純資産 │
│   2,200     │   3,000      │
│              │              │
├──────────────┤              │
│ 子会社株式   │              │
│    800      │              │
├──────────────┼──────────────┤
│子会社の諸資産│ 子会社の負債・│
│   1,000     │ 純資産 1,000 │
└──────────────┴──────────────┘
```

そして，「子会社株式」勘定と「子会社の負債・純資産」を相殺します。
合併仕訳は次のようになります。

（子会社の負債・純資産） 1,000　　　（子会社株式）　　 800
　　　　　　　　　　　　　　　　　　（非支配持分）　　 200

したがって，親会社の連結B/Sは次のようになります。

第1部　アカウンティング基礎

```
               連結B/S
   ┌─────────────┬─────────────┐
   │             │             │
   │   諸資産    │  負債・純資産 │
   │    2,200    │    3,000    │
   │             │             │
   ├─────────────┼─────────────┤
   │ 子会社の諸資産│  非支配持分  │
   │    1,000    │     200     │
   └─────────────┴─────────────┘
```

貸借対照表に掲載される科目については，概ね以上のようなものです。

第2節　貸借対照表が示す基本的なこと

貸借対照表を見て，パッとわかる基本的なことをいくつか解説します。

① 現金預金が多く，売掛債権・棚卸資産・無形固定資産が少ない企業が良い

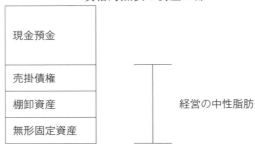

貸借対照表の資産の部の中で，売掛債権・棚卸資産・無形固定資産の3つの項目を「経営の中性脂肪」と呼んだりもします。つまり，これらの3つの項目は，少しはあってもいいのですが，あまりたくさん計上されているのは好ましくない（いわゆるメタボ状態だ）というわけです。

売掛債権があまり多いのは売却代金の回収が滞っていることを意味しますし，棚卸資産があまり多いのは商品が売れていないことを意味します。また，無形固定資産は換金性が低いことから，資産性が低いので，あまり多いのは資金の流動性維持の観点から望ましくないということです。

② 流動資産が多く，固定資産が少ない企業が良い

貸借対照表の資産の部

```
┌──────────┐
│          │
│  流動資産  │
│          │
├──────────┤
│  固定資産  │
└──────────┘
```

流動資産が多く，固定資産が少ない企業が良いというのは，その逆を考えればわかります。すなわち，流動資産が少なく固定資産が多い状態というのは「資金の流動性が低い状態」です。これでは資金の自由度が下がってしまいます。ですから，流動資産が多く，固定資産が少ない方が良いのです。

③ 資産の面ばかりを見ずに，負債の面も見なければいけない

企業の善し悪しを判断する時に，一般によくあることなのですが，目に見えるものだけで評価しがちです。たとえば，「立派な本社屋に，保養施設も充実！」というようなことを聞くと，さぞ立派な会社なのだろうと思ってしまいがちです。しかし，その立派な資産の裏側で，その企業は「借入金だらけ」かもしれないのです。それでは立派な会社だとはいえません。

また，このようなことは会社のみならず，個人についても当てはまります。たとえば，「私はフェラーリを持っています。」というと，世間のみんなは，「それはすごい！」といいます。しかしこれも，「ローンだらけ」かもしれないのです。それだと，あまりすごくはありません。

このように，すべからく，資産の面だけを見るのではなく，負債の面も見なければいけないのです。そして，「資産 − 負債」としての「純資産」で評価しなければ，その経済実体の真価はわからないのです。

以上の①～③の３つのことを知っているだけでも，貸借対照表を見た時に企業の財務内容の善し悪しがパッとわかります。各自が気になる上場企業や勤務先の企業の実際の貸借対照表を参照してみて，①～③について検証してみて下さい。

第3講 財務諸表の見方 2 損益計算書

まず，損益計算書（報告式P／L）の具体例を示します。

損益計算書
平成XX年4月1日
平成XY年3月31日

青学商事

経常損益計算
 営業損益計算

Ⅰ 売上高		10,000
Ⅱ 売上原価		
期首商品棚卸高	1,000	
当期商品仕入高	5,000	
小計	6,000	
期末商品棚卸高	2,000	
差引		4,000
売上総利益		6,000
Ⅲ 販売費及び一般管理費		
給　料	1,500	
減価償却費	1,500	
営業費	1,000	4,000
営業利益		2,000
営業外損益計算		
Ⅳ 営業外収益		
受取利息・配当金	500	
固定資産売却益	300	800
Ⅴ 営業外費用		
支払利息	400	
固定資産売却損	200	600
経常利益		2,200

第1部　アカウンティング基礎

特別損益計算
Ⅵ 特別利益
　投資有価証券売却益　　　　　　　400　　　　　　400
Ⅶ 特別損失
　投資有価証券売却損　　　　　　　100
　火災損失　　　　　　　　　　　　500　　　　　　600
　（税引前）当期利益　　　　　　　　　　　　　2,000
　法人税，住民税及び事業税　　　　900
　法人税等調整額　　　　　　　△100　　　　　　800
　（税引後）当期純利益　　　　　　　　　　　　1,200

　この損益計算書について順を追って説明していきます。

　損益計算書は，まず大きく分けて「経常損益計算」と「特別損益計算」の2つの部分からなり，最後に「法人税等の計算」の部分が続きます。そして「経常損益計算」は「営業損益計算」と「営業外損益計算」の2つの部分からなります。次のように区分して把握するとわかりやすくなります。

```
経常損益計算
  営業損益計算
    Ⅰ 売上高                              10,000
    Ⅱ 売上原価
        期首商品棚卸高       1,000
        当期商品仕入高       5,000
      小計                   6,000
        期末商品棚卸高       2,000
      差引                                  4,000
    売上総利益                              6,000
    Ⅲ 販売費及び一般管理費
        給　料              1,500
        減価償却費          1,500
        営業費              1,000           4,000
    営業利益                                2,000
```

```
営業外損益計算
Ⅳ 営業外収益
  受取利息・配当金         500
  固定資産売却益           300        800
Ⅴ 営業外費用
  支払利息               400
  固定資産売却損           200        600
    経常利益                        2,200
```

```
特別損益計算
Ⅵ 特別利益
  投資有価証券売却益        400        400
Ⅶ 特別損失
  投資有価証券売却損        100
  火災損失               500        600
  (税引前) 当期利益                   2,000
```

```
法人税，住民税及び事業税      900
法人税等調整額          △100        800
  (税引後) 当期純利益                 1,200
```

　営業損益計算において「Ⅰ 売上高」から「Ⅱ 売上原価」を差し引いて「売上総利益」を求めます。これはいわゆる「粗利（あらり）」といわれるものです。
　この「売上総利益」から「Ⅲ 販売費及び一般管理費」を差し引くと「営業利益」が算出されます。これが「本業の利益」です。
　次に，営業外損益計算がきます。これは本業以外の損益計算部分であり，利息の収支や配当の受け取り，その他にも固定資産の売却損益等がここに計上されます。このようにして「Ⅳ 営業外収益」を加算して，「Ⅴ 営業外費用」を

減算することによって「経常利益」が求められます。これはいわゆる「けいつね」（「経常利益」の「経常」の部分を読みかえた通称です）といわれる利益です。経常的に発生する損益を計算したものであり、企業の利益計算の中でもかなり重視される損益の額です。

その次に、特別損益計算がきます。これは経常的ではない（臨時的な）損益計算部分であり、長期保有目的の投資有価証券の売却損益や本社屋の売却損益、災害損失などが計上されます。この「Ⅵ 特別利益」と「Ⅶ 特別損失」を加算・減算することで、税引前の当期利益が求められます。

そして最後に、法人税等の額を計上して、税引後の当期利益を求めます。投資家が重視するのは、この税引後の当期利益の額です。

では第4講で、代表的な財務分析指標を簡潔にみていきましょう。

第4講　財務分析の基礎

貸借対照表の健全性を分析する比率の代表的なものには，次のようなものがあります。

以下で，それぞれについて解説していきます。

(1) 自己資本比率

この比率は，財務の健全性をみる上で最も重要なものです。次のような算式で求められます。

$$自己資本比率 = \frac{自己資本（純資産）}{総資本（総資産）} \times 100（\%）$$

業種によって，平均的な水準は異なりますが，一般的には40％を超えていれば，財務的には健全であると考えられています。この比率は高ければ高いほど財務的な安全性が高いということになります。この比率が60％を超えていれば，かなり高いレベルの安全性を確信できます。

逆に，この比率が20％を下回っている企業は要注意であるといえます。

(2) 負債比率

　この負債比率は，(1)の自己資本比率と同じような性質のものです。見方が異なるだけであり，自己資本の充実度を負債に焦点を当ててみている比率です。次のような算式で求められます。

$$負債比率 = \frac{総負債}{純資産}$$

　この比率は「3分の2倍以下」であることが望ましいとされています。この比率が3分の2倍以下であるということは，純資産が3であるのに対して総負債が2以下であるということなので，(1)の自己資本比率で表せば「60％以上」ということになります。

　逆に，この比率が4.0倍を超えていると要注意です。(1)の自己資本比率でいえば，20％未満ということになります。

　ちなみに，世界最大の投資家であるウォーレン・バフェット氏は，この負債比率が「0.80倍以下」が望ましいとしています。(1)の自己資本比率でいえば「55.55％以上」です。

(3) 流動比率

　流動比率とは，流動資産と流動負債に焦点を当てて，企業の支払手段充当可能性を表しています。次のような算式で求められます。

$$流動比率 = \frac{流動資産}{流動負債}$$

　この比率は「1.0倍を超えていること」が望ましいとされています。すなわち，流動資産の総額が流動負債の総額を超えていることが望ましいということです。そうすれば，向こう1年以内に返済予定の負債を向こう1年以内に現金化する予定の流動資産で支払うことができるという状態を維持しているわけです。

日本の企業の流動比率は比較的低く，2.0倍を超えていれば高い方だといえるようです。

一方，アメリカの著名投資家のウォーレン・バフェットは，この流動比率をあまり重視していません。そして，次のように述べています。

「優良企業は，あり余る収益を配当や自社株買いに充てるため，現金が流出し，流動比率を1.0倍以下に押し下げる。」

このようなことから，流動比率が1.0倍を切っている企業でも，一概にダメな企業とはいえないようですが，一般的にはやはり流動比率は1.0倍を超えていることが望ましいでしょう。

(4) 当 座 比 率

当座比率は流動比率よりも厳格な指標です。当座比率の大企業平均は，0.8倍程度といわれています。当座比率の算式は次のとおりです。

$$当座比率 = \frac{当座性資産（＝現預金・売掛債権・有価証券）}{流動負債}$$

(5) 固 定 比 率

固定比率とは「固定資産を自己資金でどの程度まかなっているか」を表す指標です。この比率が1.0倍以下であれば，設備投資が経営を圧迫する可能性が低く，健全であるといえます。2.0倍を超えると望ましくないと考えられます。

$$固定比率 = \frac{固定資産合計}{自己資本合計}$$

(6) 固定長期適合率

さらには，最悪でも固定資産は，自己資本と固定負債でまかなわれていないと健全とはいえません。

　　固定資産 < 自己資本 + 固定負債

　　固定長期適合率 = 固定資産 ÷（自己資本 + 固定負債）

流動資産	流動負債
固定資産	固定負債
	自己資本

固定資産の額が（自己資本 + 固定負債）を超えていると，固定資産を流動負債でまかなっていることになるので，財務的に観て健全とはいえないというわけです。

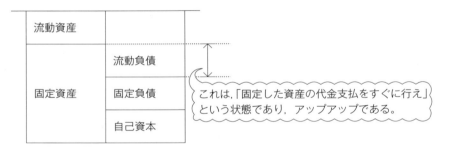

こうなると，流動資産 < 流動負債なので，負債返済用の手許資金も不足していることになります。

第5講　減価償却の理論と応用

第1節　基礎理論

[1]　問題提起

　現代会計学は，**期間損益計算**にその基礎を置いています。そして，「継続企業の公準（Going Concern）」を前提としています。このように，企業の存在を永続的にとらえた上で，一定期間を区切って**『適正な期間損益計算』**を行うことが会計学の基礎的命題かつ目的です。

　そこでこの期間損益計算を適正ならしめるために，土地を除いた有形固定資産および無形固定資産について，取得原価を各期に配分する手続きが必要となります。それが減価償却です。

[2]　減価と減価償却の意義

(1)　減価とは

　減価には，時間的減価と機能的減価があり，現実世界ではこれら2つが混合しています。

(2)　減価償却の三大要素

①　取得価額には，付随費用が含まれます。
②　耐用年数は，「用いるのに耐えうる年数」ということです。実務的には，税法に詳細に規定されているものを用いることが多いようです。このことは，「財務会計の税法への依存」という問題点として指摘されることがあります。

③ 残 存 価 額

　減価償却とは，減価償却資産の取得価額から残存価額にいたるまでの部分について耐用年数にわたって費用化していく手続であると定義することができます。平成19年の税法改正によって，残存価格はゼロとすることができるようになりました。しかし，残存価格をゼロとしてしまうと，耐用年数経過後の減価償却資産の帳簿価格がゼロになってしまい，記録が残らなくなってしまうので，「1円」を残すこととしています。この「1円」を「備忘価額」といいます。

(3) 減価償却の方法

　代表的な減価償却の方法には，定額法・定率法・生産高比例法などがあります。
　どの方法によるかは各企業の判断に委ねられるべきであるとされています。これを「自主的経理の尊重」といいます。
　そして，会計学には「継続性の原則」というものがあり，「いったん採用した方法については正当な理由がない限り，みだりに変更してはならない」とされています。

(4) 定 率 法

　定率法の計算は，多少複雑です。表5－1「償却率早見表」をご参照下さい。

第5講　減価償却の理論と応用

表5-1　償却率早見表

耐用年数	定額法 償却率	定率法 償却率	定率法 改定償却率	定率法 償却保証率
2	0.5	1	—	
3	0.334	0.833	1	0.02789
4	0.25	0.625	1	0.05274
5	0.2	0.5	1	0.06249
6	0.167	0.417	0.5	0.05776
7	0.143	0.357	0.5	0.05496
8	0.125	0.313	0.334	0.05111
9	0.112	0.278	0.334	0.04731
10	0.1	0.25	0.334	0.04448
11	0.091	0.227	0.25	0.04123
12	0.084	0.208	0.25	0.0387
13	0.077	0.192	0.2	0.03633
14	0.072	0.179	0.2	0.03389
15	0.067	0.167	0.2	0.03217
16	0.063	0.156	0.167	0.03063
17	0.059	0.147	0.167	0.02905
18	0.056	0.139	0.143	0.02757
19	0.053	0.132	0.143	0.02616
20	0.05	0.125	0.143	0.02517
21	0.048	0.119	0.125	0.02408
22	0.046	0.114	0.125	0.02296
23	0.044	0.109	0.112	0.02226
24	0.042	0.104	0.112	0.02157
25	0.04	0.1	0.112	0.02058
26	0.039	0.096	0.1	0.01989
27	0.038	0.093	0.1	0.01902
28	0.036	0.089	0.091	0.01866
29	0.035	0.086	0.091	0.01803
30	0.034	0.083	0.084	0.01766
31	0.033	0.081	0.084	0.01688
32	0.032	0.078	0.084	0.01655
33	0.031	0.076	0.077	0.01585
34	0.03	0.074	0.077	0.01532
35	0.029	0.071	0.072	0.01532
36	0.028	0.069	0.072	0.01494
37	0.028	0.068	0.072	0.01425
38	0.027	0.066	0.067	0.01393
39	0.026	0.064	0.067	0.0137
40	0.025	0.063	0.067	0.01317
41	0.025	0.061	0.063	0.01306
42	0.024	0.06	0.063	0.01261
43	0.024	0.058	0.059	0.01248
44	0.023	0.057	0.059	0.0121
45	0.023	0.056	0.059	0.01175
46	0.022	0.054	0.056	0.01175
47	0.022	0.053	0.056	0.01153
48	0.021	0.052	0.053	0.01126
49	0.021	0.051	0.053	0.01102
50	0.02	0.05	0.053	0.01072

取得価額100万円，耐用年数10年の有形固定資産の場合

定額法	（取得価額100万円）× 0.1 ＝ 10万円 （ただし，最終年度は，備忘価額1円を残すため，99,999円。）
定率法	毎年同じ率で償却しますが，算式通りに計算した償却額が，償却保証額未満になる年度以後は，定額法に切り替えて償却する。 償却保証率を個々に判定するのは煩雑なので，償却保証率は耐用年数に応じた一覧表になっている。 減価償却費＝期首帳簿価額×償却率 償却保証額＝期首帳簿価額×償却保証率
数値例	耐用年数10年の場合， 償却率＝0.250 償却保証率＝0.04448 償却保証額＝1,000,000×0.04448＝44,480円 改定償却率＝0.334

	〔期首帳簿価額〕	〔償却費〕
1年度目	1,000,000	1,000,000×0.250 ＝ 250,000
2年度目	750,000	750,000×0.250 ＝ 187,500
3年度目	562,500	562,500×0.250 ＝ 140,625
4年度目	421,875	421,875×0.250 ＝ 105,468
5年度目	316,407	316,407×0.250 ＝ 79,101
6年度目	237,306	237,306×0.250 ＝ 59,326
7年度目	177,980	177,980×0.250 ＝ 44,495
8年度目	133,485	133,485×0.250 ＝ 33,371
	33,371が，償却保証額（44,480円）未満となるので，133,485×0.334＝**44,583**を償却額とする。	
	以後，133,485を**改定取得価額**とする。	
9年度目	88,902	133,485×0.334 ＝ 44,583
10年度目	44,319	133,485×0.334 ＝ 44,583
	44,583 ＞ 44,319 −1 となるので，**44,318** を償却額とする。	
	最終年度は，備忘価額1円を残す。	

まとめると，次のようになります。

> 償却率＝ 1 ÷ 耐用年数 × 2.5
> 耐用年数ごとに決められた「償却保証率」があり，年間の償却費が，この償却保証率によって求められた償却保証額を下回ったら，その直前の年度の簿価を「改訂取得価額」として，それを基礎にして，「改訂償却率」によって定額法的に計算される。
> 残存価額は，備忘価額の 1 円。

では以下の第 2 節で，減価償却の理論を応用して，車や自宅を取得することを考えていきます。減価償却という概念を明確に意識することで，車や自宅の取得について目から鱗が落ちるような意識改革を実感していただければと思います。

第 2 節　減価償却の応用

応用 1．フェラーリとレクサス

　私は若い頃からずっと車やバイクが大好きでした。車についてはとりわけフェラーリが大好きで 25 歳の時から 30 年以上にわたって何台か乗り継いできました。そんな経験を基にして，ここでは，「新車で 600 万円くらいの国産の高級車が買えようになったら，中古で 1,000 万円のフェラーリが買える」ということを，減価償却と関連づけながら論証していきます。
　車好きの方には朗報となると思います。夢を叶えるようなワクワクする話です。
　もちろん，ここでは，「同じコストなら，600 万円くらいの国産の高級車よりもフェラーリの方が欲しい！」というのが前提になります。「フェラーリなんてド派手だし，2 人しか乗れないから欲しくない」という人はこの「応用 1．」は飛ばして，次の「応用 2．」を読んで下さい。
　それではまず，このフレームワークの前提となる諸条件を定義していきましょう。

(1)　期間について

　会計学では，「期間損益計算」といって，「1 年間」という期間を区切って損

第5講　減価償却の理論と応用

益計算を行うことを前提としていますが，ここでは例外的に「2年間」の期間損益計算を前提とします。車をひとたび買ったら，1年間だけではなく，短くても2年間くらいは乗りたいからです。

(2) 予算について

購入予算の上限は，頭金が220万円までで，ローンの支払いは毎月10万円までとします。これら以外に，維持費として毎月概ね8万円まではつかえるものとします。

また，ローンの金利は5.5%とします。オートローンなどで，少し高めの金利水準として，ここでは5.5%を採択しました。

なお金利の計算は，Excelで「=−PMT（年利/12,60回数,元金）」という算式を用いれば求めることができます。

(3) コストに関する一覧表

　　　　　　　　　　　　　　　目に見えるコスト ←｜→ 目に見えないコスト

	ガソリン代	税金	保険代	修理代	消耗品	合計	金利(5.5%)	減価償却費	総計
フェラーリ 中古 1,000万	4km/l 8,800km/年 66万	5.8万 ×2 11.6万	40万	40万	タイヤ オイル 40.4万	198万 (8.25万 /月)	(借入: 1,000万) 91万	売却可能額 は800万 200万	489万
レクサス 新車 620万	6km/l 9,000km/年 45万	5.8万 ×2 11.6万	25万	0	11.4万	93万 (3.875万 /月)	(借入:400万) (頭金:220万) 36万	売却可能額 は260万 360万	489万
2年の差額	21万	0	15万	40万	29万	105万	55万	−160万	0

コストに関する一覧表をお示ししました。それぞれのコストは，次のようにまとめることができます。

	目に見えるコスト	目に見えないコスト	総計
フェラーリ	198万	291万	489万
レクサス	93万	396万	489万
2年の差額	105万	−105万	0

「600万円くらいの国産の高級車」の代表格として，ここでは「レクサス」を例に挙げました。取得に要する諸費用を含めて620万円としました。一方，フェラーリは「中古で1,000万円」としました。

「目に見えるコスト」は手払いで払っていくコスト，「目に見えないコスト」はローンを払っていくことで，そこに含まれて負担していくことになるコストです。なお，駐車場代は，フェラーリでもレクサスでも同じ金額がかかりますし，自宅に駐車場がある場合も多いので，ここでは度外視しました。

以下で，一覧表に従って順を追って説明していきます。

① ガソリン代

ガソリン代は原油価格の動向によって大きく変動しますが，ここでは1リッター当たり150円としました。（両者ともハイオクガソリンを使用するものとします。）

フェラーリは燃費を1リッター当たり4kmとし，レクサスは1リッター当たり6kmとしました。

年間の走行距離は，フェラーリの場合は8,800kmとし，レクサスの場合は9,000kmとしました。走行距離は，比較のためには両者とも同じにしないといけないのですが，フェラーリは2人乗りの車両のため若干だけ使用機会が減ると考え，8,800kmとしました。

② 税　　金

税金は変動する可能性のある要素ですが，ここでは両者とも年額で5万8千円としました。

③ 保　険　代

保険代は車両保険代を含むものとし，無事故割引もある程度効いているものとしました。

④ 修 理 代

　最近では，中古のフェラーリでもあまり大きな金額はかからないのが一般的なので，ここでは2年分で40万円としました。レクサスの方は新車なので，当初の2年間は修理代はかからないものとしました。

⑤ 消 耗 品

　消耗品のコストとは，主にタイヤ交換とオイル交換を想定しています。フェラーリはタイヤのオイルもレクサスよりも高くつくので，ここでは2年分で40万4千円としました。レクサスは2年分で11万4千円としました。

　4千円という端数は，②の税金（2年分の金額11万6千円）の端数を調整するために計上しました。

⑥ 合　　計

　ここまでで目に見えるコストの合計（2年分）を算出します。フェラーリの方は198万円で，月あたりでは82,500円です。予算（概ね8万円）を少しだけオーバーしていますが，なんとか払っていくというかんじです。

　レクサスの方は93万円で，月あたりでは38,750円です。毎月の予算の8万円よりはだいぶ余裕があります。

　そして，ここまでの差額を計算すると，レクサスの方が105万円も安くあがります。そうです。やはり見かけ上の支出はフェラーリよりも国産の高級車の方が安くあがるのです。

　しかし，次の⑦と⑧の目に見えないコストをみていくと，話が変わります。

⑦ 金　　利

　金利については，フェラーリの方は2年間で91万円です。ここではフェラーリの方は1,000万円全額をローンにします。頭金の220万円は手もとに持っておきます。このことについては後に説明します。

　レクサスの金利は36万円です。ここではレクサスの方は頭金を220万円入

れて，残額の400万円をローンにします。

やはり金利の面をみてもレクサスの方が55万円安くあがっています。

⑧　減価償却費

これは，「2年間の値崩れ額」を意味します。それぞれの車が2年後にいくらで売れるのかを考えて，取得価額との差額を2年間の減価償却費（＝2年間の値崩れ額）として認識します。

フェラーリの方は中古で1,000万円で取得しており，2年後の売却可能価額は800万円くらいあります。レクサスの2年後の売却可能価額は260万円くらいです。レクサスに限らず，国産の車のリセール価格はだいたいこのくらいになるのが通例です。

この「減価償却費」のところで，これまでの差額（160万円）が全額チャラになります。最終回で同点ホームランを打ったような感じです。

⑨　結　　論

結論としては，「フェラーリとレクサスは同じ」ということになります。コスト負担の総額が2年間で同じ額なら，夢のスーパーカー・フェラーリに乗りたくありませんか？

このようにして考えると，この節の冒頭に書いたように，「新車で600万円くらいの国産の高級車が買えるようになったら，中古のフェラーリが買える」ということがはっきりするのです。

⑩　コストの面に関するタネ明かし

ここでは，表の一番右の「減価償却費」の額がカギになっていましたね。減価償却費の手前まではレクサスの方が安上がりだったのです。レクサスの減価償却費の額が大きすぎて，一気にフェラーリとレクサスのコストが同額になりました。

なぜこのように減価償却費の額が大きく違ってくるのかというと，タネはフ

ェラーリが「中古」だからです。タネは隠されていたわけではなく，最初から堂々と書いてありましたね，「フェラーリは中古で，レクサスは新車だ」と。そうなのです。新車は値崩れ（＝減価償却額）が大きいのです。また，「フェラーリは中古車市場において値持ちが良い」という特性も寄与しています。

図示すると次のようなかんじです。

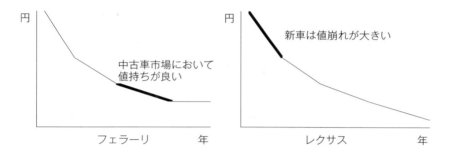

以上のように，2年間のコストに関する面から分析すると，「新車で600万円くらいの国産の高級車が買えようになったら，中古のフェラーリが買える」ということが明らかになりました。

このことが明らかになった以上，車好きの人ならば「よし！夢のスーパーカーを手に入れるぞ！」という気持ちになられたことと思います。

実は，ここまでの分析は，会計学的にいえば，「損益計算書の面からの考察」でした。

では次に，夢のスーパーカーを現実に手に入れるために肝心な「資金繰り」について考察していきましょう。

(4) 資金繰りに関する考察

では以下で，資金の面についてみていきましょう。いくら「かかるコストは同じだ」ということがわかっても，いざ実際にフェラーリを買うためには，資金の面（＝資金繰り）について考えなければならないからです。

ここでは，購入予算は「頭金220万円とローンの支払は10万／月」でした。

そこで，普通に考えると，レクサスは（620万 － 頭金220万 ＝）400万がローンの総額となり，毎月のローンの支払額は元利合計で76,400円となります。「10万／月」の予算の範囲内ですね。

一方，フェラーリは（1,000万円 － 頭金220万円 ＝）780万円がローンの総額となり，毎月のローンの支払額は元利合計で149,000円となります。「10万円／月」の予算の範囲を超えてしまっているのでアウトですね。

ところが，「夢をあきらめない方法」があります。「夢を叶える錬金術」です。

フェラーリの方は頭金を敢えて払わず，全額をローンにするのです。そうすると，毎月のローンの支払額は元利合計で191,000円となります。149,000円どころか，191,000円となり，「10万／月」の予算の範囲を大幅に超えてしまっているので，さらに一段とアウトのように思えますよね。

毎月のローンの支払（元利合計）191,000円／月
購入予算：100,000円／月
91,000円／月　オーバー

しかし，アウトではないのです。ここでは「頭金を敢えて払っていない」ということを思い出して下さい。そうです。フェラーリの方は頭金を払っていないので，手もとに220万円の現金を持っているのです。

毎月の予算オーバー分の91,000円を，頭金を入れなかったことによって手もとに持っている220万で支払い続けるのです。そうすると，

220万円 ÷ 91,000円（／月）＝ 24.1（ヶ月）

という計算が成り立ち，24.1ヶ月，すなわち2年にわたってローンを支払い続けることができるのです。これで，夢は叶います！

しかも，これには驚愕の続きがあるのです。まさに「キリギリスの逆襲」とでもいえる，驚愕の逆転劇です。

（イソップ童話の「アリとキリギリス」を皆さんご存じかと思います。夏に楽しんでばかりいたキリギリスが冬に泣きをみるという，あれです。ここでいう「キリギリスの逆襲」とは，「夏に楽しんでばかりいたキリギリスが，冬になってもアリよりもハッピーなまま」という罰当たりなストーリー展開のことを指しています。）

第5講　減価償却の理論と応用

さて、では2年後の世界を見に行ってみましょう。

2年後に車を売る場合の資金の状況を確認します。2年後のローンの残債はそれぞれ次の金額です。

フェラーリ　――　633万円

レクサス　――　253万円

そして売却後に手もとに残る金額は、それぞれ次のようになります。

フェラーリ　売却額800万円 － 残債633万円 ＝ 167万円

レクサス　　売却額260万円 － 残債253万円 ＝ 　7万円

フェラーリは売却時に167万円もの現金が手もとに残りますが、レクサスの方は売却時に手もとに残る現金は7万円しかありません。

なぜこうなってしまうのか？

ここでは、目に見えないコストの支払いが鍵となるのです。

では順番に考えていきましょう。

① 支払った金額の総額は、

　　フェラーリ　　頭金　0　円 ＋ 19.1万円 × 24回 ＝ 458万円

　　レクサス　　　頭金220万円 ＋ 7.64万円 × 24回 ＝ 403万円

ここで、「頭金とローンで支払うべき金額の本質」を明らかにしておきます。それこそが「目に見えないコスト（＝金利と減価償却費）」なのです。「目に見えるコスト」は「維持費」として、ローンの支払いとは別に、まさに目に見えるかたちで、その都度現金払いで負担しています。

そして、ローンで支払っていたのは、「金利と減価償却費」の負担額に他ならないのです。

② ローンで支払うべき金額の総額（目に見えないコストの総額）は、次のとおり。

　　フェラーリ　　金利91万円 ＋ 減価償却費200万円 ＝ 291万円

　　レクサス　　　金利36万円 ＋ 減価償却費360万円 ＝ 396万円

③ 2年後に手もとに残る現金は，①－②で求められます。

　フェラーリ　458万円 － 291万円 ＝ 167万円
　レクサス　　403万円 － 396万円 ＝ 7万円

　つまり，ローンの支払総額は，次のように分けることができるのです。

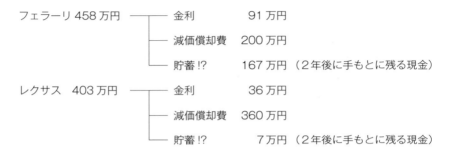

　フェラーリの方は，毎月191,000円もの金額のローンを払ってきましたが，そのうちの3分の1以上（167万円 ÷ 24 ＝ 69,583円）は貯蓄されてきていたのです。頭金を払わずにローンの支払用に持っていた貯蓄額（220万円）から毎月91,000円をローンの支払に充当してきましたが，実はその裏で毎月69,583円はフェラーリの「中に（!?）」貯蓄されてきていたのです。貯蓄額（220万円）から消費したのは実際は毎月21,417円だけだったのです。

　貯蓄額から毎月91,000円引き出してローン支払に充ててきた
　　　　　　　　　↓
　毎月21,417円だけが金利と減価償却に充当された
　　　　　　　　　↓
　毎月69,583円はフェラーリの中に（!?）貯蓄

　もちろん，貯蓄額から毎月充当してきた91,000円以外にも，毎月10万円は支払ってきたので，フェラーリに毎月かかった金利と減価償却は121,417円だというわけです。

　（91万円 ＋ 200万円）÷ 24 ＝ 121,250円

というようなわけで，端数は少しズレますが，ほぼ計算が合います。

　ですから，頭金を支払わずに，毎月のローンの支払に充てるという，無理矢

理っぽい錬金術も，実はあまり無理のない堅実なプランだったわけです。

以上のように，資金繰りについて「（頭金を払わずにローンに充当するという）ひとひねり」を加えることで，資金面でも「夢が叶う！」のです。

④　資金繰りの面に関するタネ明かし

なぜフェラーリを買った人は，それを売った時に 167 万円もの資金を持っているのに，レクサスを買った人の方は，それを売った時に 7 万円しか資金が残っていないのでしょうか。

その鍵となるのは，「レクサスを買った人が，余裕資金をどうしているのか」にかかっています。

というのも，フェラーリを買った人は，2 年の間，目に見えるコストもローンの支払も，予算の上限いっぱいまで支払いをしてきましたが，レクサスを買った人の方は，目に見えるコストもローンの支払も，予算の上限よりもかなりの余裕がありました。

レクサスを買った人の目に見えるコストは毎月 38,750 円でした。予算の上限の 8 万円と比べると 41,250 円も余っています。これはどこに行っちゃったのでしょうか。デート代にでもつかってしまったのではないでしょうか。

また，レクサスを買った人のローンの支払は毎月 76,400 円でした。ローン支払の予算上限の 10 万円と比べると 23,600 円も余っています。これはどこに行っちゃったのでしょうか。服でも買ってしまったのではないでしょうか。

これらの余裕資金の 41,250 円と 23,600 円をつかってしまわずに，きちんと貯めておけば，2 年間で（41,250 円 + 23,600 円）× 24 = 1,556,400 円も貯まっているはずです。また，細かいことですが，フェラーリを買った人は目に見えるコストを毎月 2,500 円ずつ多めに負担していました。この分もレクサスの方の人が貯めていれば，2,500 円 × 24 = 60,000 円貯まっています。1,556,400 円とこの 60,000 円を合わせれば 1,616,400 円になりますね。これと，レクサスを売った後に残る 7 万円を合わせれば，168 万円あまりになり，フェラーリの売却時の手もと残高とほぼ同額に追いついていますね。（端数の誤差は，ここでは

無視します。)

　すなわち，レクサスを買った人が，余裕資金をちゃんと貯めていれば，売却時の手もと残高は同じになるのです。

　こうして考えてみると，フェラーリを買ったキリギリスさんは，贅沢をしてエンジョイしているようにみえますが，実は一生懸命貯金していたようなものだったのです。

(5) 重要なことを最後にまとめます

　さて，この資金繰りの面をみてきて，そこからわかる重要なことは，次の2点です。
　① 頭金は払わず，現金で持て！
　② 重要なことは，お金を借りられるかどうか！

① 頭金は払わず，現金で持て！

　(3)で検討したように，コストの面ではフェラーリとレクサスは同じでしたので，コスト負担が同じなら夢のあるフェラーリの方を買おう！と思い立っても，資金繰りの面が成り立たなければ具現化はできないわけです。

　そこで最初にポイントとなるのは，資金繰りのために「頭金は払わず，現金で持っておく！」ということです。これをするかしないかで，フェラーリを買えるか買えないかが決まってしまいます。バカ正直に頭金を入れてしまえば，資金繰りは最初からショートしますから，フェラーリは買えなくなります。(コスト負担の総額はレクサスと同じなのに，です。)

　敢えて頭金を払わずに，資金面でのやり繰りのために頭金を充当することで，一見無理に見えるローンの支払を可能にすることができるのです。これぞまさしく「夢を叶える錬金術」です。

② 重要なことは，お金を借りられるかどうか！

　「レクサスが買えるようになったら，フェラーリが買える」というこのスキ

ームの唯一にして最大の関門は「お金を借りられるかどうか」なのです。400万円（レクサスを買うのに必要な金額）なら借りられるが，1,000万円（フェラーリを買うのに必要な金額）は借りられないということであれば，夢は叶いません。

ですから，「お金を借りられるかどうか」というのは決定的に重要な要素なのです。必要資金を貸してもらえなければ買えません。必要資金を貸してもらえさえすれば買えます。全てはここにかかっていると言っても過言ではありません。

「借金も財産のうち」という言葉があります。借金は所詮，借金でしかなく，「マイナスの」財産でしかないと通常は考えられていますが，このように「お金を借りられるかどうか」が決定的に重要な要素になるということを勘案すると，「借金ができることも，無形の財産のうち」だということがわかります。

さてでは次に，考察の対象を車から家に変えて考えていきましょう。車には興味のない方でも，家を買うか借りるか，すなわち「分譲か賃貸か」ということについては，人生のどこかの段階で考えることになる人が多いのではないかと思います。ですからここで，減価償却ということと関連させながら「分譲か賃貸か」という問題を考えていくのは有意義ではないかと思います。

応用2．分譲か賃貸か

[1] 居住期間別に4つのケースに分けた分析

今や住宅については，「いったん建てたら，そこに一生住むもの」という考えは古くなっています。結婚するまで，あるいは子供ができる（増える）まで（5年〜10年），固定金利が見直しになるまで（10年），子供が結婚するまで（20年）……など，ライフプランに合わせた居住計画を考えるのが自然でしょう。もちろん，一生そこに住む（超長期30年以上）という選択肢もあると思います。

そのような意味でも，まず居住年数を考えてから分譲か賃貸かを決める方が，合理的だといえます。

そこで以下では,「居住期間」という視点から4つのケースに分けて検討していきます。短期の居住期間として「5年」,中期の居住期間として「10年」,長期の居住期間として「20年」,超長期の居住期間として「30年」の4つのケースを見ていきます。

以下に,［ケース1］〜［ケース4］まで,分譲と賃貸のそれぞれにかかるコストを集計した一覧表をお示ししました。

表中の「目に見えるコスト」とは,手払いのコストです。「目に見えないコスト」とは,住宅ローンのかたちで支払っていくコストです。また,「D.C.」とは「Depreciation Cost」の略で,減価償却費を意味します。ここでは,減価償却費の額は概算で算出してあります。「D.C.」の覧の下段にアンダーラインを付して計上してあるのがコストの総額です。

これらの4つのケースでは,いずれも物件価格は5,000万円を想定しており,一戸建てとマンションで同じ物件価格なので,一戸建ては郊外に,マンションは街中に所在する物件を想定しています。

目に見えるコストは,次の5項目です。

① 家賃——分譲物件には家賃（他に共益費などを含む）は発生しないものとし,家賃の欄に節税分（住宅借入金等特別控除）をマイナスで記載しました。賃貸物件の家賃は,5,000万円相当の物件の適正価額として月額20万円（年額240万円）で計算しました。敷金・礼金を合計で4ヵ月分（80万円）としました。

② 税金——5,000万円相当の物件に適用される固定資産税の価額を概算で計算しました（時の経過に応じて減額してあります）。マンションの税負担が軽いのは,区分所有であるため,土地部分の割合が少ないからです。

③ 保険——5,000万円相当の物件に適用される火災保険の価額を概算で計算しました。分譲の負担額が大きいのは,住宅ローンに付帯する生命保険料を考慮したためです。

④ 修繕費——修繕積み立てをここに含めました。分譲のマンションは月

額3万円（年額36万円）とし，分譲の一戸建ては年額5万円としました。また，分譲一戸建ての修繕費の額は，少しずつ増額させてあります。

賃貸については修繕費をゼロとしました。賃貸の場合，消耗品以外の修繕費は原則として家主が負担するからです。

⑤　光熱費── 本来は生活費に属するものですが，住宅に電気，ガス，水道が通っていなければ，単なる箱になってしまいますし，一戸建てとマンションでは，その負担額が若干異なることから，住宅の費用計算に含めました。一戸建てを月額4万円（年額48万円），マンションを月額3万円（年額36万円）としました。

次に金利と減価償却ですが，それぞれ次のような前提を置いています。金利については，短期5年と中期10年の利率は1.25％の固定金利を，長期20年と超長期30年の利率は2.5％の固定金利をそれぞれ適用しました。金利の額は概算です。

なお，賃貸については，直接的な金利負担はありませんので，金利の欄に更新料を記載しました。更新料は2年に一度，家賃の1ヵ月分としました。

[ケース1] 5年　　　　　　　　　目に見えるコスト ← → 目に見えないコスト

5,000万		家賃	税金	保険	修繕費等	光熱費	5年計	金利	D.C.
分譲	一戸建て郊外	節税分 -48万/年	20万/年	22万/年	5万/年	4万/月 48万/年	235万	1.25% 288万	1,650万 <u>2,173万</u>
	マンション街中		15万/年	20万/年	3万/月 36万/年	3万/月 36万/年	295万		2,100万 <u>2,683万</u>
賃貸	一戸建て郊外	敷・礼80万	──	4万/年	0	4万/月 48万/年	1,540万	更新料 20万× 2回 =40万	0 <u>1,580万</u>
	マンション街中	20万/月 240万/年	──	2万/年	0	3万/月 36万/年	1,470万		0 <u>1,510万</u>

[ケース2] 10年　　　　　　　　　　　　　　　　目に見えるコスト ← → 目に見えないコスト

5,000万		家賃	税金	保険	修繕費	光熱費	10年計	金利	D.C.
分譲	一戸建て郊外	節税分総額 -450万	17万/年	22万/年	7万/年	4万/月 48万/年	490万	1.25% 742万	2,500万 <u>3,732万</u>
	マンション街中		12万/年	20万/年	3万/月 36万/年	3万/月 36万/年	590万		3,000万 <u>4,332万</u>
賃貸	一戸建て郊外	敷・礼80万 20万/月 240万/年	—	4万/年	0	4万/月 48万/年	3,000万	更新料 20万×4回 =80万	0 <u>3,080万</u>
	マンション街中		—	2万/年	0	3万/月 36万/年	2,860万		0 <u>2,940万</u>

[ケース3] 20年　　　　　　　　　　　　　　　　目に見えるコスト ← → 目に見えないコスト

5,000万		家賃	税金	保険	修繕費	光熱費	20年計	金利	D.C.
分譲	一戸建て郊外	節税分総額 -450万	13万/年	22万/年	9万/年	4万/月 48万/年	1,390万	2.5% 1,458万	3,000万 <u>5,848万</u>
	マンション街中		10万/年	20万/年	3万/月 36万/年	3万/月 36万/年	1,590万		4,500万 <u>7,048万</u>
賃貸	一戸建て郊外	敷・礼80万 20万/月 240万/年	—	4万/年	0	4万/月 48万/年	5,920万	更新料 20万×9回 =180万	0 <u>6,100万</u>
	マンション街中		—	2万/年	0	3万/月 36万/年	5,640万		0 <u>5,820万</u>

[ケース4] 30年　　　　　　　　　　　　　　　　目に見えるコスト ← → 目に見えないコスト

5,000万		家賃	税金	保険	修繕費	光熱費	30年計	金利	D.C.
分譲	一戸建て郊外	節税分総額 -450万	10万/年	22万/年	10万/年	4万/月 48万/年	2,250万	2.5% 2,333万	3,300万 <u>7,883万</u>
	マンション街中		8万/年	20万/年	3万/月 36万/年	3万/月 36万/年	2,550万		4,300万 <u>9,183万</u>
賃貸	一戸建て郊外	敷・礼80万 20万/月 240万/年	—	4万/年	0	4万/月 48万/年	8,840万	更新料 20万×14回 =280万	0 <u>9,120万</u>
	マンション街中		—	2万/年	0	3万/月 36万/年	8,420万		0 <u>8,700万</u>

まとめ

		5年	10年	20年	30年
分譲	一戸建て	2,173万	3,732万	5,848万	<u>7,883万</u>
	マンション	<u>2,683万</u>	<u>4,332万</u>	<u>7,048万</u>	<u>9,183万</u>
賃貸	一戸建て	1,580万	3,080万	6,100万	9,120万
	マンション	<u>1,510万</u>	<u>2,940万</u>	<u>5,820万</u>	8,700万

30年の時点では分譲の一戸建てが最も安くなる。（一番安い数値に1本線のアンダーライン。一番高い数値に2本線のアンダーライン。）

＜結論＞

　20年を超えて住むなら分譲一戸建てが最も安くなる。また，分譲の場合，家賃変動リスクが無いこともメリットである。

居住期間が20年以下なら賃貸マンションが最も安くなる。分譲マンションは常に割高である。

＜解釈＞

「分譲か賃貸か」ということについてコスト分析をした結果，上のような結論になりました。

「通勤費」は個人的事情によって十人十色なので，ここでは度外視していますが，一般的には郊外の方が通勤費がかさみますから，分譲一戸建て（＝郊外）のコストは，ここに示したより高くなります。

要は，「分譲か賃貸か」ということについては，居住期間が20年以下であれば「賃貸マンション」にしておくのがコスト面では優れており，居住期間が20年を超えるのであれば，「分譲一戸建て」がコストの面で一番有利であるということになります。

私がここで強調したいのは，**「各自の計画に合わせて，このようなコスト計算を事前に行うことは，どんな場合にも重要」**だということです。分譲住宅を買おうが賃貸にしようが，それぞれのコストを計算すること自体は決して無駄にはなりません。会計の知識は，こんなところにも役立つのです。

そして，このように客観的にコスト面だけで分析してみると，「居住期間が20年以下であれば賃貸マンションに軍配が上がり，居住期間が20年を超えるのであれば，分譲一戸建てが有利だ」ということがわかりました。それにもかかわらず，戦後からバブルの頂点（地価の場合，1990年末）までの間は，なぜ「土地神話」というものがあったのか。そして，バブル崩壊後，現在までと今後の日本において，「分譲か賃貸か」という問題の本質はどこにあるのかを次の［2］で読み解いていきたいと思います。

［2］ 「土地神話」と「分譲か賃貸か」という問題の本質

「土地神話」と「分譲か賃貸か」という問題の本質は，「減価償却費がなかったら」という仮説を立てることで見極めることができます。

(1) 1990年末までの「土地神話」について

　戦後からバブルの頂点（地価の場合，1990年末）までの間は，土地の価格が上がり続けました。建物の価値は減価償却したので減っていったはずですが，土地の価格がそれ以上に上がり続けたため，居住用財産の価格は1990年末まで上がり続けたのです。

　すなわち，戦後からバブルの頂点（1990年末）までの間は，居住用財産の総額としては「減価償却が『ゼロかマイナス』という特殊な状況が続いていた」というわけです。このような状況下では，「上がり続ける資産は，買っておかなきゃ損！」というわけで，みんなが居住用財産を買い漁りました。それが「土地神話」を創り出した本質的な原因なのです。

　以下で，［１］で行ったコスト分析の結果について，「減価償却費がなかったら」という仮説を立ててまとめ直してみます。

　まず，表５－２をご覧下さい。この表は［１］で分析したコストを「減価償却費以外の費用」と「減価償却費」に分類したものです。

表５－２　減価償却費以外の費用と減価償却費

			減価償却費以外の費用	減価償却費	総合計
短期5年	分譲	一戸建て	523万	1,650万	2,173万
		マンション	583万	2,100万	2,683万
	賃貸	一戸建て	1,580万	0	1,580万
		マンション	1,510万	0	1,510万
中期10年	分譲	一戸建て	1,232万	2,500万	3,732万
		マンション	1,332万	3,000万	4,332万
	賃貸	一戸建て	3,080万	0	3,080万
		マンション	2,940万	0	2,940万
長期20年	分譲	一戸建て	2,848万	3,000万	5,848万
		マンション	3,048万	4,000万	7,048万
	賃貸	一戸建て	6,100万	0	6,100万
		マンション	5,820万	0	5,820万

超長期	分譲	一戸建て	4,583万	3,300万	7,883万
		マンション	4,883万	4,300万	9,183万
	賃貸	一戸建て	9,120万	0	9,120万
		マンション	8,700万	0	8,700万

そして、もし減価償却費がゼロだったらどうなるでしょう。それを示したのが、次の表5－3です。

ご覧のとおり、すべての居住期間で、分譲の方が明らかに安くなっています。しかも、すべての居住期間で、分譲一戸建ての方が分譲マンションよりも安くなっています。

表5－3　減価償却費がゼロだったら

			減価償却費以外の費用	減価償却費	総合計
短期5年	分譲	一戸建て	523万	0	523万
		マンション	583万	0	583万
	賃貸	一戸建て	1,580万	0	1,580万
		マンション	1,510万	0	1,510万
中期10年	分譲	一戸建て	1,232万	0	1,232万
		マンション	1,332万	0	1,332万
	賃貸	一戸建て	3,080万	0	3,080万
		マンション	2,940万	0	2,940万
長期20年	分譲	一戸建て	2,848万	0	2,848万
		マンション	3,048万	0	3,048万
	賃貸	一戸建て	6,100万	0	6,100万
		マンション	5,820万	0	5,820万
超長期	分譲	一戸建て	4,583万	0	4,583万
		マンション	4,883万	0	4,883万
	賃貸	一戸建て	9,120万	0	9,120万
		マンション	8,700万	0	8,700万

しかし、この表の前提があまりにも非現実的だと思われる方もいるかもしれません。そういう方は、「減価償却費がゼロなんて……（ありっこない！）」とおっしゃるでしょうが、実は、「減価償却費ゼロ」というのは、バブル崩壊前

までの日本で起こっていたことです。戦後からバブル期まで，経済は一貫して成長軌道に乗っており，恒常的なインフレ経済だったのです。その最終局面では，土地と株の超大型バブルが起こり，不動産価格は暴騰しました。

不動産を買って保有していれば，買った時と同じ値段か，それよりも高く売れたのです。減価償却費は，まさに「ゼロかマイナス」でした。それに引きかえ，家賃はインフレ経済の下で上昇し続けたのですから，その差は開く一方でした。「土地神話の真犯人」は，このような「減価償却費がゼロかマイナスという状況」だったのです。

＜結論＞
① 減価償却費を加味すると，居住コストは，住む期間によって大きく異なってくるので，「分譲か賃貸か」を考えるには，まず先に「何年住むのか？」を考えるべし！
② 減価償却費の大小が，意思決定の結果に大きく影響する。

(2) 「分譲か賃貸か」という問題の本質

ではここで再度，「分譲か賃貸か」という問題を本質的な視座から考えてみましょう。

上の＜結論＞の②で述べたように，「分譲か賃貸か」の意思決定については，本質的には，「減価償却費の大小が，意思決定の結果に大きく影響する」というわけですから，「減価償却費の額がどうなるのか」に依存することになります。これをもっと平たく言えば，「不動産価格が上がるのか下がるのかに依存する」ということです。

すなわち，不動産価格が上がるということは，減価償却が「ゼロかマイナス」になるということですから，その場合は（戦後からバブルの頂点までと同じように）圧倒的に分譲に軍配が上がるのです。その反面で，不動産価格が下がるということは減価償却がプラスになる状況ですから，［1］で分析したような結果になります。居住期間が20年を超えるなら分譲一戸建て，居住期間が20年以下

なら賃貸マンションです。

2018年以降のこれからの日本経済を前提とした場合，不動産価格は「一定の周期で上下を繰り返す」と考えられます。この傾向は，2003年から始まっています。不動産価格は1990年末にバブルの頂点に達してから崩壊し，2003年までの13年間は長期的に下落しました。2003年にバブル崩壊の底値を付けたわけです。

そして，その後は次のようなかたちで周期的な上下を繰り返してきました。
・2003年～2007年　上昇　5年間
・2008年～2012年　下落　5年間
・2013年～2018年　上昇　6年間

このようにして考えると，2019年からは下落期に突入すると予想されます。そして5年後の2023年末前後には底を打って上昇に転じるでしょう。

そこで，このような「周期的な上下」を前提にして，21世紀的な視点で考えた場合，「不動産価格の上昇期には分譲の物件を買って住んでおき，下落期に入る前に高値で売却して賃貸に住んでおく。そして，底値になったら次は上昇期に入るので，分譲の物件を買って住んでおく」ということを繰り返していくのが最も経済合理性がある選択であるといえます。

＜結論＞

「分譲か賃貸か」ということについては，「不動産価格の上昇期には分譲，下落期には賃貸」に軍配が上がる。したがって，不動産価格の動向を見極めながら，およそ5年周期で分譲と賃貸を住み替えていくのが合理的である。

以上で，会計学の知識を用いた「分譲か賃貸か」の問題に関する分析は終わりです。次の講では，本講で学んだ減価償却をさらに応用して，「会計学の基礎知識を知っていると，不動産のことがわかるようになる」というお話をします。

第6講 不動産投資と会計 〜不動産投資のリスクとリターンについて〜

不動産投資には一定のリターンがありますが，その反面でリスクもあります。ここでは最初に，不動産投資のリスクについて解説します。その後で，不動産投資のリターンについて解説します。

第1節 不動産投資に潜むリスク

不動産投資に潜むリスクは，概ね次の5つです。
- （1） 金利変動リスク
- （2） 家賃変動リスク
- （3） 空室リスク
- （4） 物件価格の変動リスク
- （5） 事件・事故のリスク

家賃と物件価格は変動しますが，値下がりがリスクである一方で，値上がりすることもありますので，その場合はリターンとなります。しかし，バブルやインフレがないものと仮定すると，物件が古くなれば，家賃も物件価格も下がるのが宿命です。ですから，家賃の変動と物件価格の変動は，原則的に「リスク」ととらえておく必要があります。

（1） 金利変動リスク

不動産投資をする場合，物件価格が高額なので，ローンを用いるケースが多くなります。その場合に考慮しなければならない要因の第一番目は，金利変動リスクです。全額現金で取得する場合や，ローンの全額を全期間の固定金利にする場合は，この金利変動リスクは関係なくなりますが，変動金利でローンを組む場合には，この金利変動リスクは重要なリスク要因として考慮に入れてお

かなければなりません。将来，何らかの要因によって金利が上昇すると，ローンの支払額が上昇し，それが生活費を圧迫することになります。最悪の場合は，ローンが払えなくなって，不動産物件を投げ売りしなければならないということにもなりかねません。

（2） 家賃変動リスク

家賃は，契約期間または自動更新の間は，通常，変動しないものです。しかし，少し長い目で観た場合，そうはいきません。景気が悪くなったり，物件が古くなったりすれば，家賃を下げなければ入居者を確保できなくなります。家賃の値下げ相談があるかもしれませんし，それがなくても，家賃が「相場に見合わない（＝高い）」と考えれば，それまでの入居者は出て行ってしまいます。すると，同額の家賃で再募集をかけてもなかなか決まらず，やむなく値下げするということになります。

もちろん，これとは逆に，景気が良くなったり，何らかの事情で物件の数が少なくなったりすれば，家賃は上がりますので，リスクだけではなく，リターンもあり得ます。しかし，あまり楽観的に考えない方がいいでしょう。

そして，「好不況の要因」のいかんに関わらず，物件が古くなるというのは避けがたいことですから，家賃の額は「徐々に下がる」と考えておいた方が堅実です。

（3） 空室リスク

家賃の変動リスクと併せて，空室になるリスクというのも考慮しておかなければなりません。新築のうちは，あまり空室にはならないでしょうが，長期的には（数年〜10年ほどすると），空室になる可能性が高まってきます。

また，空室を避けるためには家賃を下げなければならなくなります。家賃を10％下げて，入居者を得たとしても，初期に設定した家賃を基準にして考えれば，それは10％の空室率がずっと続いたのと同じことなのです。

また，次のような考え方も知っておかなければなりません。

仮に2年ごとに入居者が入れ替わり、その都度2ヶ月の空室期間があったとします。そして家賃が月額10万円だとします。すると、2年間の家賃収入は220万円となり、それを24（ヶ月）で割ると、家賃収入の月額は91,666円となります。8.33％の収入減です。

10万円 ×（24ヶ月 － 2ヶ月）＝ 220万円
220万円 ÷ 24（ヶ月）＝ 91,666円

　このように、2年間に2ヶ月の空室期間があると、家賃収入が8.33％下落したのと同じことになるのです。

　空室リスクや家賃下落は、新築であれば、最初はほぼゼロですが、最終的には10％程度になる可能性があります。全体期間を平均すると、想定家賃の5％前後は入ってこない可能性があるということを事前に見込んでおかなければならないでしょう。

（4）　物件価格の変動リスク

　物件価格の変動リスクは、家賃の変動リスクと同じようなものです。すなわち、景気が悪くなったり、物件が古くなったりすれば、物件価格は下がります。家賃の下落があれば、それに比例して物件価格も下落するのが一般的です。

　逆に、景気が良くなったり、何らかの事情で物件の数が少なくなったりすれば、家賃と同様に、物件価格も上がりますので、リスクだけではなく、リターンもあり得ます。将来有望な地域に購入しておいたり、すでに一等地といわれるところの物件を買っておけば、値上がり益を得られる可能性もあります。

　しかし、これも家賃の場合と同様に、あまり楽観的に考えずに、物件が古くなるので「築年数に比例して、物件価格も下がる」と考えておいた方が堅実です。家賃の額が徐々に下がれば、それに比例して物件価格も下がります。家賃を稼いだ気になっていても、年月の経過と共に着実に資産価値が落ちてしまっていては、元も子もないということになってしまいます。

（5） 事件・事故のリスク

保有物件で事件や事故が起これば，当分，家賃が入ってこないとか，原状回復にお金がかかるとかいった損害を被ることもあります。交通事故的な被害ですが，可能性がゼロではありません。

一般的なリスクは以上のようなものです。投資物件を取得する際に，物件を気に入った！といって前のめりになってしまうだけではなく，リスク要因にも冷静に目をやり，電卓をたたいて計算することが必要です。

さて，では次の節で，新築のワンルームマンションへの投資について，数値例を用いながら解説していきます。

第2節　新築のワンルームマンション投資は，ほとんどが採算は合わない

第1節で述べたようなリスクを理解した上で，新築のワンルームマンションへの投資について客観的な数字で考えていきます。

まず，最初に結論をお示しします。

私の計算では，新築のワンルームマンションへの投資は，ほとんどが採算が合いません。現在から将来にかけて，よほど有望な立地の物件を，千載一遇のチャンスで破格の安値で買うか，将来，強いインフレが現実になった場合は「結果論的に正解」になります。しかし，そうでない限り，新築のワンルームマンションへの投資は，長期的な要因を加味すると，採算的には厳しいものが多く，ほぼ失敗すると考えておいた方がいいでしょう。

また，向こう30年間の金利の動向によっても成否は大きく異なります。長期的な金利の動向を正確に読める人はいないので，「成否は運頼み」ということになってしまいます。

まずは，このことについて大局的な数値で解明します。

東京都内の新築ワンルームマンションで，マンション投資の業者さんが，「これはイイですよ！」と勧めて下さる物件は，（不動産市況や景気動向にもよります

第6講　不動産投資と会計

が，）せいぜい「表面利回りで5％」といったところです。そこで，ワンルームマンション投資の採算について考える前に，「表面利回り」が実際の採算計算上は，いかにナンセンスかということについて，まずお示しします。表面利回りで「5％」というのが低すぎて採算が合わないということもさりながら，それ以前に，まず「表面利回り」というとらえ方そのものが，実感には合わないものであるということを数値例を用いて，順序立てて説明していきます。

「表面利回り」の数値の多寡ではなく，「実際に手取りで，いくら手に入るのか」を考えなくてはならないのです。

[１]　「表面利回り」の真相　〜手取りの利回りは，かなり低い〜

【数値例】
物件：東京都内の新築ワンルーム
物件価格：2,000万円（取得にかかる諸経費を含む）
想定家賃：共益費込みで月額83,300円（年額100万円）
礼金・更新料：ゼロ
管理費・修繕積立金等：月額23,300円

　礼金・更新料をゼロとしたのは，地域や景気によって，これらの収入は期待できないことがあるからです。また，管理費・修繕積立金等（月額23,300円）には，固定資産税の金額を含むものとします。

「表面利回り」は，「指標」としての意味はあると思います。「指標性」というのは，「表面利回りが『5％』のものよりは『6％』のものの方がいい」とか，「今の実勢としては，都内の新築ワンルームマンションで，表面利回りが5％ならば，まぁまぁイイ方なのかな」といったような「メド」を示す数値としての性質という意味です。しかしながら，この「表面利回り」というのは，「投資家が実際に手にすることのできる利回りとは，かけ離れた数値である」ということを知っておかなければなりません。

　さて，まずこの数値例の物件について，表面利回りを計算してみると5％になります。

賃料年額100万円 ÷ 物件価格2,000万円 ＝ 5％

　表面利回りが「指標としての意味しかない」ということの真意は，この数値例を用いて説明していくうちにおわかりいただけると思いますが，まず最初にはっきりすることは，実際の手取りで計算すると，5％というのは，「絵にかいた餅」になるということです。

　すなわち，まず少なくとも，月額の想定家賃収入83,300円から管理費・修繕積立金等の月額23,300円を引いた60,000円が手取りの家賃収入です。そして，集金や管理を専門の業者さんに委託すれば，月額家賃の5％〜10％程度を委託管理料として支払うことになります。ここではその委託管理料を8,000円とします。月額の手取り家賃は（60,000円－8,000円＝）52,000円です。これを12倍して年額を出すと624,000円になります。

　さらには，現実には，毎月支払っている管理費・修繕積立ではカバーできない管理費や修繕費もかかります。これを年平均で74,000円とみると，手取り家賃の年額は550,000円になります。

　これを物件価格で割ると，2.75％になります。これが実質の利回り（税込み）なので，表面利回りの5％というのは，実際には決して手に入ることのない利回りです。この数値例の場合，実際に手にすることのできる利回りは，この段階ですでに，表面利回りの半分程度になっています。

［2］「表面利回りが5％」は低すぎる！

　しかも，そもそも，表面利回りが5％というのは低すぎるのです。「表面利回り5％」というのは，実際に手にすることのできる利回りでは2.75％になってしまうということをここまででお話ししました。以下では，この「表面利回り5％（実質利回り2.75％）」というのが，いかに低いかについて考えていきます。

　ここでは，
　(1)　空室リスクと家賃下落リスク
　(2)　生命保険の効果と節税効果について

(3)　利子率について

という順序で考えていきます。

(1)　空室リスクと家賃下落リスク

　この物件は新築ですので，最初の数年から10年くらいの間は，空室リスクは低く抑えることができるでしょう。しかし，100％大丈夫ということはないですし，新築でも長期的には，空室リスクも考慮しておかなければなりません。

　空室リスクや家賃下落は最初はゼロですが，最終的には10％程度になる可能性があります。全体期間を平均すると，想定家賃の5％前後の減収を最初から見込んでおかなければならないのです。（空室リスクと家賃下落率が，最初は0％で最終的に10％になると仮定して，それを単純に平均して「5％前後」としました。）

　たとえば，67頁の【数値例】の物件の場合，月額で（83,300円×5％前後＝）およそ4,000円程度を見込んでおかなければならないでしょう。これによって，手取りの見込額を年額で（4,000円×12＝）約50,000円程度減額して考えておかなければなりません。これを差し引くと，手取り家賃の年額は500,000円になり，実質的な利回りは2.5％となります。これで，表面利回り（5％）のちょうど半分になってしまいました。きちんと長期的な計算をすると，このくらいしか期待してはいけないということが明らかになるのです。

　しかも，この2.5％という実質的な利回りは，「税込み」です。次に，税金についても，ごく簡単にみていきます。

(2)　生命保険の効果と節税効果について

　マンション投資は，節税効果と生命保険としての効果があるといわれることもあります。それらについて，簡潔に結論を先に言ってしまえば，次のようになります。

　　①　生命保険としての効果 ── この部分だけをとらえるならば，直接，生
　　　　　　　　　　　　　　　　命保険に入っても同じこと。そうであれば，不動産投資の
　　　　　　　　　　　　　　　　手間やリスクを考えると，生命保険に入った方がラクかも

しれない。
② 節税効果 ── 若干の節税効果はあるかもしれないが，オマケのようなものと考えておかなければならない。なお，相続税対策としてはある程度有効だが，所得税の節税分といったような目先の効果は，あまり期待しない方がいい。

しかも，もし不動産所得の金額がプラスになれば（本来，そうなるべきなのですが，その場合は），納税額は増えてしまう。

このような結論に至るプロセスについて詳しく解説していきます。

① **生命保険の効果**

不動産投資における「生命保険の効果」はたしかにあります。ただし，生命保険に直接入るのと，まさに「同じこと」であり，それ以上ではないのです。というのも，住宅ローンを組むと，「団体信用生命保険」というものに加入することになります。この「団体信用生命保険」の保険料は，ローンの金利に含まれていることもありますので，気づかないこともありますが，ローン返済の担保として，保険には必ず加入することになります。ですから，生命保険に直接入るのと同じことなのです。

そうすると，不動産投資につきものの手間やリスクを考えると，不動産投資を介在させるのではなく，通常の生命保険に入った方がラクかもしれないということになると思います。ですから，税金の効果と同じく，この生命保険の効果も，「オマケ」程度ということになります。

② **節税効果について**

税金のことは，詳しく書くとキリがないですし，とてもややこしいのでポイントだけを説明します。それでも，けっこう長くなりますので，じっくりと読み進めて下さい。

ワンルームマンション投資の節税効果として挙げられるポイントは主に，「不動産所得の赤字を給与所得と通算することによる節税」という点にあります。

第6講 不動産投資と会計

いわゆる「住宅ローン控除」は、物件や借入条件に一定の要件がありますし、投資用物件には適用されません。ここでは主に、「不動産所得の赤字を給与所得と通算することによる節税」について、簡単な数値例を用いて解説していきます。

税務計算上の「不動産所得」というのは、赤字になることが多いのです。そこで、その赤字を利用して、給与所得と通算することで節税になるということをいわれることがよくあります。税務計算上の不動産所得は赤字になることが多いというのは、主に「減価償却費」という必要経費によって、税務上の不動産所得の金額がマイナスになりやすいのです。（このカラクリについて、以下で順を追って説明していきます。）

そして、マンション販売の業者さんからは、「この減価償却費というのは、計算上の必要経費であって、実際には支払うわけではない経費なので、その分の税金が助かってしまうのです」という、まことしやかな、しかし、会計や税務に詳しくない人にとってはわけのわからない説明を受けることが多いと思います。実際に、所得税額が減額されることも多いので、得をしたような気分になるのですが、実際はあまり得はしません。

では、このことについて、極めて単純な数値例で説明します。この数値例2では、わかりやすくするために、全額現金で投資物件を買ったとします。

【数値例2】
物件：東京都内の新築ワンルーム
物件価格：2,000万円（取得にかかる諸経費を含む）
想定家賃：共益費込みで月額83,300円（年額100万円、表面利回りは5％。）
礼金・更新料：ゼロ
管理費・修繕積立金等：年額28万円（月額23,300円。固定資産税を含む）
委託管理料その他：年額20万円（追加の修繕費など実際にかかる経費の年額です。）
減価償却費：年額90万円（2,000万円×0.9÷20年　で計算しました。）

この数値例について、年間の不動産所得を計算します。

収入金額　（83,300円 × 12ヶ月 ＝）100万円

必要経費　28万円　＋　20万円　＋　90万円　＝　138万円
　　　　　管理費等　委託管理料　減価償却費

不動産所得の金額

　収入金額 － 必要経費 ＝ 100万円 － 138万円 ＝ △38万円

　不動産投資における節税効果というのは，この「マイナス38万円が毎年，給与所得から差し引かれるからお得」という構造なのですが，この実態を明らかにします。この場合の毎年の「お得」な金額は，その人の所得総額によって決まる税率によります。通常は，毎年の「お得」な金額は，不動産所得のマイナスの額（ここでは△38万円）の20％〜30％と考えておけばいいでしょう。

　さて，この物件を現金で買って，数値例のようにして賃貸に出し続けて20年経ったとします。20年後の税務上の簿価は200万円です。

（2,000万円 － 90万円 × 20年 ＝ 200万円）

　そして，20年後には，税務上の簿価どおり，この物件の価格が200万円になっているとします。さて，どうでしょう⁉

　最初に2,000万円あった財産は，200万円に減っているじゃないですか。だったら，お得でも何でもないですよね。減価償却費の90万円も実際にかかった経費の20万円も，ともに「税務上の数字」ではなく，実際の数字ですね。ということは，本当に毎年38万円ずつ損をしていただけですね。そして，それを給与所得から差し引かせてもらって，税金分だけは補填してもらった，というだけに過ぎないのです。

　また，「20年後に，この物件の価格が200万円になっているということはないだろう。少なくとも500万円くらいの価値はあるはず。」というのが現実的でしょう。その場合は，もしこの物件をその価格（500万円）で売れば，500万円と税務上の簿価（200万円）との差額の300万円が「売却益」と認識され，課税されます。

　それに，最初に2,000万円だった物件が20年後には，やはり500万円になっているわけですから，1,500万円は価値が減っているわけで，その分は経費に計上されて当たり前ですし，得はしていないのです。

課税が繰り延べになるとか、老後の税率は低いはずだからとかいったように、詳しく考えていきますと、やはり若干の節税メリットもあるのですが、長い人生のスケールで見ると、節税メリットは「オマケ」程度ということになります。

なお、この事例では、たとえ20年後にこの物件の価格が500万円だったとしても、20年間の損益を通算してみると、決して利益は出ません。仮に、空室率を0％として、20年分の損益を一括して計算してみます。ここでは、全額現金で購入したと仮定して、利子率や利子の支払を度外視します。

☆ 最初の20年間における本当の損益を概算で計算します。
<1> 総収入金額　100万円 × 20年 ＝ 2,000万円
<2> 必要経費の額

　① **管理費・委託管理料等**

　（28万円 ＋ 20万円）× 20年 ＝ 960万円

　② **減価償却費**（不動産価値の実質的な目減り分）

　2,000万円 － 500万円 ＝ 1,500万円

　③ **必要経費の合計額**

　① ＋ ② ＝ 960万円 ＋ 1,500万円 ＝ 2,460万円

<3> 不動産所得の金額

　収入金額 － 必要経費の合計額

　＝ 2,000万円 － 2,460万円 ＝ △460万円

このように、税金を考慮する前の損益としては、20年間通算で460万円の赤字です。ここで、上に述べた「税金上の『お得』な金額」を考慮に入れます。

<4> 節税メリットの額

不動産所得の金額の計算上の赤字は、毎年38万円でしたね。このマイナス38万円が毎年、給与所得から差し引かれることによるメリットは、「38万円 × 税率」に相当する金額です。

たとえば、税率を少し多めに見積もって、所得税と住民税を合わせて30％とします。（年間の額面収入が700万円～1,100万円で税率は30％です。年間の額面収

入が 500 万円～700 万円ですと，所得税と住民税を合わせた税率は 20％です。）

　税率を 30％とすると，節税のメリットは 20 年分の概算で 228 万円になります。

　38 万円 × 30％ × 20 年 ＝ 228 万円

　税金を考慮する前の損益は，460 万円の赤字でしたが，この節税メリットの分だけ損益は改善します。

　－ 430 万円 ＋ 228 万円 ＝ － 232 万円

　要するに，節税メリットを含めても，「最初の 20 年は赤字」ということになります。その赤字の総額は約 230 万円。年平均で 12 万円くらいです。月額 1 万円程度の赤字ですから，大赤字とはいえませんが，赤字であることには変わりありませんね。

　次に，21 年目から 30 年目までをみていきます。30 年目には，この物件の価格は 300 万円になるとします。そうすると，21 年目から 30 年目までは，減価償却費が 200 万円しか計上されないことになるので，損益はプラスになります。しかし，損益がプラスになると，節税メリットは働かず，納税額は増えます。

☆ 21 年目から 30 年目までの損益を概算で計算します。

<1> 総収入金額　100 万円 × 10 年 ＝ 1,000 万円

<2> 必要経費の額

　① 　管理費・委託管理料等

　（28 万円 ＋ 20 万円）× 10 年 ＝ 480 万円

　② 　減価償却費（不動産価値の実質的な目減り分）

　500 万円 － 300 万円 ＝ 200 万円

　③ 　必要経費の合計額

　① ＋ ② ＝ 480 万円 ＋ 200 万円 ＝ 680 万円

<3> 不動産所得の金額

　収入金額 － 必要経費の合計額

　＝ 1,000 万円 － 680 万円 ＝ <u>320 万円</u>

<4> 納税額（ここでも，税率は 30％としました。）

　320 万円 × 30％ ＝ 96 万円

<5> 税引後の純利益

　320万円 − 96万円 = 224万円

　21年目から30年目は利益が得られますが，その場合には節税メリットはなくなり，得られた利益（不動産所得の金額320万円）に対して税金を支払います。

　そして，この21年目から30年目の期間の税引後の純利益（224万円）と20年目までの赤字（△228万円）とを合計すると，30年間全体の損益は，ちょうどトントンくらいです。

(3) 利子率について　～金利を計算に入れると，採算はマイナス！～

　ここでの数値例（表面利回り5％）では，全額現金で購入したという前提で計算しましたが，この物件をローンで買ったとすると，支払利子の分だけマイナスになってしまいます。(2)までの計算では利子の支払は全くないものとして，30年間全体の損益がちょうどトントンくらいだったわけですから，もし現金による購入ではなくローンによる購入で，一定の利率の金利を払っていたとしたら，全体の損益は，どう考えてもマイナスです。

　仮に年利2％の低金利で全額（2,000万円）借り入れて，利子率が30年間全く上がらなかったとしても，支払利子の総額は30年間で600万円になります。支払利子は必要経費に計上でき，その分は節税できますので，支払利子の全額がマイナスになるのではなく，支払利子のおよそ7割分がマイナスになるのですが，それでも，かなりの金額がマイナスになります。

　しかも，この数値例では，空室リスク・家賃下落リスク・金利上昇リスクをゼロと仮定してきましたが，実際は，そのいずれか（または全部）が具現化する可能性が充分にありますので，利子を含めた赤字の額は，もっと大きくなるでしょう。

[3] 不動産投資の本当のうま味
　～リスクを取ってでもやっておきたい不動産投資の本当のリターン～

　ここまでみてくると，不動産投資は損をするのか!? ということになってし

まいます。しかし，不動産投資には，ここまでにみてきたリスクを取ってでも，なおかつ，やっぱりやっておいた方がいいという結論が出るだけのリターン（うま味）があるのです。それは，不動産投資の本質的なメリットを浮き彫りにすることで明らかになります。

この節では，不動産投資の本当の意味でのリターン（うま味）について考えてみることにします。

まず最初に結論を述べます。
「不動産投資のメリットは，長期的視点に立ってこそ浮き彫りになる」のです。

不動産投資の本当の意味でのメリット（リターン）について考える場合，次の4つの論点が重要なポイントとなります。

(1) 住宅ローンが終わってからが，本当のうま味
(2) 不動産投資は，老後の年金代わりに
(3) 不動産投資は，インフレ対策になる
(4) もしもバブったら売っちゃう

それでは，それぞれについて科学的に考えていきましょう。

(1) 住宅ローンが終わってからが，本当のうま味

第2節の［2］では，不動産投資として表面利回りが5％の物件をローンで取得した場合には，30年間を通じて採算が合わないということを数字で論証しました。しかし，それでも長期的に観れば，ローンで不動産投資をする意義は充分にあります。不動産投資のメリットは，ローンが終わってから，じわじわと現れてくるのです。

わかりやすくお伝えするために，重要な注意点をまず先に箇条書きにしておきます。

＜重要な注意点＞
　＜1＞　無理なローンは組まない
　＜2＞　金利変動リスクも考慮する

<3> 将来のリフォームのことも加味する

これら3つのポイントについて順番に考えていきます。そのために，ここでは表面利回りが6％の事例を用いていきます。第2節で，表面利回りが5％では30年間を通じて採算が合わないということがわかりましたので，ここでは利回りを1％だけ上げて検証していきます。

この数値例3では，物件価格の全額を，期間30年のローンで支払うとします。この借入の利率は基本的に変動利率としますが，最初の10年間の利率は総平均で2％と仮定しておきます。

【数値例3】
物件：東京都内の新築ワンルーム
物件価格：2,000万円（取得にかかる諸経費を含む）
想定家賃：年額120万円
　　　　　（共益費込みで月額10万円，表面利回りは6％。）
礼金・更新料：ゼロ
管理費・修繕積立金等：年額30万円（月額25,000円。固定資産税を含む）
委託管理料その他：年額20万円（追加の修繕費など実際にかかる経費の年額です。）
減価償却費：年額90万円（2,000万円×0.9÷20年で計算しました。金利：2％）

この不動産投資における現金収支を10年ごとに計算してみます。

<1> 最初の10年間　～無理なローンは組まないこと！～

ここでは「現金収支」をみていきますので，減価償却費に関しては当面は度外視します。減価償却費は現金による支出を伴わない経費だからです。その代わりに，年間のローンの支払額を支出額として考慮に入れていきます。つまり，「本当に入ってくる金額」と「本当に出ていく金額」を考えていくわけです。
（ローンの支払額と節税額の計算過程は割愛します。）

年間収入　120万円

年間支出　30万円（管理費・修繕積立金等）＋20万円（委託管理料その他）＋89万円（ローンの支払額）＝139万円

年間収支　△19万円

節税額　　　12 万円〜18 万円
年間総収支　△1 万円〜△7 万円

　このように，年間収支は 19 万円の赤字ですが，節税メリットが 12 万円〜18 万円くらい働きますので，年間の総収支は 1 万円〜7 万円の赤字で収まります。年間当たりでこの程度の赤字でしたら，やりくりはできますし，生命保険料だと思えば，安いくらいかもしれませんね。（不動産投資をしておけば，万一，物件の所有者が死亡した場合には，ローンの残額は保険で支払われ，不動産とその収入を遺族に残すことができますから，生命保険と同じ効果を持つというのは，すでにご理解いただけていると思います。）

　要するに，「最初の 10 年はチャラ」なのです。

　金利変動に関しては，利率を総平均で 2％とすることで織り込みました。すなわち，最初は 1.5％くらいの低い金利でスタートできるかもしれませんが，数年後〜10 年後には，利率は 2.5％くらいまで上がると考え，その平均を取って 2％として計算したわけです。

　この事例では，空室リスクと家賃下落リスクを度外視していましたので，実は，それら 2 つのリスクは発現しない状態で「最初の 10 年はチャラ」なのです。もし空室や家賃下落が起これば，その分だけは赤字になり，それを負担していかなければなりません。

　ですから，絶対に無理なローンは組まないことが重要なのです。

<2> 11 年目から 20 年目　〜金利変動リスクも考慮する〜

　11 年目からも，年間総収支は 10 年目までと同じですが，金利の情勢は大きく変わっている可能性があります。「10 年先は鬼が笑う」というわけで，金利水準も，現在の想定を超えることも考えておかなければなりません。ですから，この時期（11 年目から 20 年目）には，空室リスクと家賃下落リスクに加えて，金利変動リスクも考慮しておかなければならないというわけです。

　<1> の「最初の 10 年間」でみてきたように，空室リスク・家賃下落リスク・金利変動リスクが発現しなければ，生命保険の効果と相殺して，採算的にはチ

ャラでした。ですから，要するに，これらの「3つのリスクを負うことで，ローン終了時以降のメリットを取る」というのが，不動産投資の長期的なメリットの本質なのです。

<3> 21年目以降から30年目 〜将来のリフォームのことも考慮する〜

　20年くらい経ちますと，物件はどうしても古びてきて，借り手が付きにくくなります。そこで，この時期にはリフォーム代金を100万円〜200万円くらい余分に考慮に入れておかなければなりません。

　このリフォーム費用が，21年目〜30年目における新たなリスク要因です。20年以上経てば古くさくなるのは不可避ですから，（空室リスク・家賃下落リスク・金利変動リスクと並んだ，）この「4つ目のリスク」は，21年目〜30年目には必ず発現します。

☆ ここまでのまとめ
<1> 最初の10年間
　要するに，「最初の10年はチャラ」なので，無理なローンは組まないこと！
<2> 11年目から20年目　〜金利変動リスクも考慮する〜
　空室リスクと家賃下落リスクに加えて，金利変動リスクも考慮しておかなければならない。
　これらの「3つのリスクを負うことで，ローン終了時以降のメリットを取りにいく」というのが，不動産投資の長期的なメリットの本質。
<3> 21年目以降
　「3つのリスク」に加えて，将来のリフォームのことも考慮に入れておかなければならない。

　さて，最初の30年間にこれらのリスクを取ることで，31年目以降のメリットを取りにいくというのが，不動産投資の長期的なメリットの本質であることがわかりました。そこで以下では，この「不動産投資の長期的なメリットの本

質」について考えていきます。

(2) 不動産投資は，老後の年金代わりに

最初の30年間（特に11年目くらいから30年目まで）に「空室リスク・家賃下落リスク・金利変動リスク・将来のリフォームのコスト」といった4つのリスクを取ることで，ローン終了時以降（本書の事例では，31年目以降）取り壊し・建て替えになる50年目くらいまでの間は，ここまでにみてきた物件の事例ですと，月額8万円くらいの余剰収入が得られるようになります。

なにしろ，30年後にはローンの支払が終わっているので，単純に考えて，その分だけは手取りの収入になるわけです。これが老後の「年金」代わりとして機能します。このことこそが，不動産投資の長期的なメリットの本質なのです。

ではここで，大雑把な損得勘定を計算してみましょう。

<1> 最初の10年間

すでに述べたように，「最初の10年はチャラ」，すなわち，損得勘定は±ゼロです。

<2> 11年目から20年目

これもすでに述べたように，空室リスク・家賃下落リスク・金利変動リスクが発現しなければ，生命保険の効果も考慮に入れれば，採算的にはチャラでした。

そしてここでは，空室または家賃下落が10％発生し，金利が1％上昇して，3％になったと仮定します。このように，「3つのリスク」が少し発現したと仮定して，11年目から20年目の負担の増分を概算で試算してみます。

＜11年目から20年目の10年間＞

家賃の減収分	月額1万円 × 12ヶ月 × 10年
	＝ 120万円
金利負担増加分	<u>121万円</u>
税引前の赤字増加分	241万円
税金の減額分	△ 48万円
負担の増加分	<u>193万円</u>

（税金の減額分は，少なめに見積もり，赤字増加分の 20％程度としました。）

<3> 21 年目以降

21 年目にリフォームを敢行します。リフォームのコストは，少し多めに見積もって 200 万円として，これを 10 年ローンで返済するとします。このローンの元利合計は 230 万円とします。

このリフォームによって，空室率はゼロになり，家賃も元の水準（月額 10 万円）に戻ったとします。金利は 3 ％のままであると仮定します。

＜21 年目から 30 年目の 10 年間＞

家賃の減収分	ゼロ
金利負担増加分	50 万円

（ローンの残高が減ると，金利負担の増加分も減少します。）

リフォームコスト	<u>230 万円</u>（230 万円は，元利合計の金額です。）
税引前の赤字増加分	280 万円
税金の減額分	△55 万円
負担の増加分	<u>225 万円</u>

11 年目から 30 年目までに，想定される一定のリスクが発現した場合のコスト負担の増加総額は 418 万円です。（11 年目から 20 年目の 193 万円 + 21 年目から 30 年目の 225 万円）

これを負担したことによって，31 年目から 50 年目までの間，「家賃収入」という名の年金受給権を得ることになるのです。31 年目からは，ローンの支払が終わるので，そこからが本当のうま味の部分になるというわけです。

50 年目までとしたのは，建物の寿命がそのくらいまでであろうと想定したからです。（ちなみに，ズバリと言ってしまうと，オーナー本人の寿命も，そのくらいではないかということもありますが。）

<4> 31 年目以降の損益

31 年目以降の毎年の損益を計算し，それを 10 倍することで，31 年目から 40 年目までの受取額を概算で計算します。

＜31 年目以降の 1 年分＞

家賃の収入	120 万円
管理費等	△50 万円
税引前の損益	70 万円
税金の納付額	△14 万円
毎年の手取りの家賃収入	56 万円

10 年分の手取りの家賃収入　　56 万円 × 10 年 = 560 万円

<5> 41 年目以降の損益

　41 年目以降の毎年の損益を計算し，それを 10 倍することで，41 年目から 50 年目までの受取額を概算で計算します。老朽化により，41 年目からの家賃は 20％減額すると想定しておきます。

＜41 年目以降の 1 年分＞

家賃の収入	96 万円
管理費等	△50 万円
税引前の損益	46 万円
税金の納付額	△9 万円
毎年の手取りの家賃収入	37 万円

10 年分の手取りの家賃収入　　37 万円 × 10 年 = 370 万円

☆ 31 年目から 50 年目の 20 年間の手取り収入の合計

　560 万円 + 370 万円 = 930 万円

　結局，最初の 30 年目までに，想定される一定のリスクが発現し，コスト負担の総額が 418 万円になりましたが，これを負担したことによって，31 年目から 50 年目までに，総額で 930 万円を受け取ることができるということになりました。（この 930 万円の受け取りというのは，「自己創設の年金」ということになります。）

　ある一定のリスクが発現したとしても，それは 11 年目から 30 年目までの 20 年間で 418 万円ですから，平均では 1 年当たりで 209,000 円程度（1 ヶ月当たり

で17,500円程度）の負担です。しかも，実際には，この負担の増加の発生額は，これよりも少ないかもしれません。

「若いうちに一定のリスクを取っておくことで，老後の収入の支えになる」というわけです。

(3) 不動産投資は，インフレ対策になる

さらには，不動産投資は，「インフレ対策になる」というメリットがあります。国家財政の破綻や食料価格・素材価格の急騰によるインフレが起こるということは，長期的に観れば，充分あり得ます。そういった場合には，不動産の価格も上昇します。ですので，不動産というのは「インフレ対抗力」がある資産であると認識されています。

資産を現金で抱えていても，インフレ時には何ら力を発揮せず，実質購買力を落としてしまう一方です。

【例】

貯金が1,000万円あり，仮に，そのお金を全部使ってマクドナルドのハンバーガーを買うとします。マクドナルドのハンバーガーが1個100円であれば，現時点ではマクドナルドのハンバーガーが10万個買えます。しかし，貯金を1,000万円持っていても，インフレが来て，マクドナルドのハンバーガーが1個200円になれば，その時点ではマクドナルドのハンバーガーが買える個数は5万個となり，半減してしまいます。

一方，最初の貯金1,000万円で不動産を買っておき，物価が2倍になるインフレが来た場合，不動産の価格も2,000万円になります。すると，その時点でマクドナルドのハンバーガーが1個200円になっていても，その不動産を2,000万円で売れば，マクドナルドのハンバーガーが買える個数は10万個で，減らずにすみます。これが「インフレ対抗力がある」という状態です。

不動産投資には，こういった「インフレ対抗力」という利点があるといえます。

(4) もしもバブったら売っちゃう

　そして，もしも不動産価格がバブったら（＝価格がバブル的に高騰したら），売っちゃえばいいのです。ここで，「バブった」と判断する時の基準をいくらにするのかは議論の分かれるところですが，私は次のように考えます。

　たとえば最初に「年6％」の利回りを期待して投資していたとします。その場合，その利回りの10倍である60％の価格上昇があったら，それは「バブル」であると判断して売ってしまうのです。

　不動産を買ってから何年か経って，買った時の価格から60％の価格上昇があったということは，次のような状態になります。すなわち，最初に期待していた「年6％」の利回りを何年かもらった後に，さらにその時点から，当初に期待した利回りの10年分のリターンを一気に実現できるということです。つまり，買ってから（60％の価格上昇があったため）売ることにするまでの間の毎年の利回りに加えて，売る時点で，想定利回りの10年分を一気に実現できるのです。これはひとつの売りのメドになると思います。

　以上，不動産投資と会計と題して，不動産投資について考察しました。堅実な不動産投資の参考にしていただければ幸いです。
　それでは第1部の最後に，個人の所得税について概説します。

第7講　個人所得税の理論

　生活に身近な個人の所得税について概要を説明していきます。所得税の制度は法改正によって変化し続けますので，ここでは大枠としての概要だけを解説します。詳細な規則については，その都度，確認する必要があります。ここでは，所得税法が抜本的な大改正にならない限りは変わらないであろうという骨格の部分を中心に取り扱っていきます。
　（なお，本講の記述の中には法改正によって変わってしまうものも含まれている可能性があります。）
　所得税制の全体像を把握することによって，「節税のポイント」を理解していただければ何らかの役に立つと確信しています。

第1節　所得税の計算の概要

　所得税の計算の概要は，次のような流れになっています。節税ができるポイントに☆印を付けてあります。

```
各種所得の金額の計算　　☆節税のポイント　所得をどの所得とするか
　↓
課税標準の計算
　↓
所得控除　　☆節税のポイント
　↓
課税所得の金額の計算
　↓
税額の計算
　↓
税額控除　　☆節税のポイント
　↓
納付税額の計算
```

以下で、順に解説していきます。

第2節　各種所得の金額の計算

それでは、各種所得の金額の計算について解説します。ここでは［１］と［２］で、10種類の所得の分類と計算式を概説し、［３］で節税のポイントをいくつか解説します。そして［４］で、「所得をどの所得とするか」ということを考えることで、より節税的な所得構造を構築していくことを考えていきます。

［１］　10種類の所得分類

個人の所得には、次の「10種類の所得分類」があります。

① 利子所得　　　⑥ 退職所得
② 配当所得　　　⑦ 山林所得
③ 不動産所得　　⑧ 譲渡所得
④ 事業所得　　　⑨ 一時所得
⑤ 給与所得　　　⑩ 雑所得

［２］　10種類の所得の計算式

10種類の所得を簡潔に解説し、それぞれの所得の計算式をお示しします。

① **利 子 所 得**

文字通り、利子の受取による所得です。算式は次のとおり。

利子所得 ＝ 収入金額

② **配 当 所 得**

文字通り、配当の受取による所得です。算式は次のとおり。

配当所得 ＝ 収入金額 － 負債利子

③ **不動産所得**

不動産の貸付から生じる所得です。不動産屋さんの所得ではありません。不動産屋さんの所得は、④の事業所得に該当します。算式は次のとおり。

不動産所得 ＝ 総収入金額 － 必要経費

④ **事 業 所 得**

事業を営むことによって得られる所得です。すなわち，個人自営業の所得です。不動産屋さんや花屋さん，喫茶店や各種商店など例示するときりがありません。変わったところでは，作家・芸能人・モデル業などの所得も，この事業所得に該当します。

算式は次のとおり。

事業所得 ＝ 総収入金額 － 必要経費

⑤ **給 与 所 得**

ビジネスマンや公務員など，給与による所得がこれに該当します。算式は次のとおり。

給与所得 ＝ 収入金額 － 給与所得控除額

給与所得控除額とは給与収入に対する一定の控除額で，算出方法は次のようなものです。

給与所得控除額の算出（単位：万円）

給与の収入金額	控除額
162.5 以下	65
162.5 超 180 以下	収入金額× 40%
180 超 360 以下	収入金額× 30% ＋ 18
360 超 660 以下	収入金額× 20% ＋ 54
660 超 1000 以下	収入金額× 10% ＋ 120
1000 超	220

⑥ **退 職 所 得**

退職金による所得で，算式は次のとおり。

退職所得 ＝ 収入金額 － 退職所得控除額

退職所得控除額の計算

勤続年数 20 年以下　　40 万円 × 勤続年数（80 万円に満たない場合には，80 万円）

勤続年数 20 年超　　　800 万円 ＋ 70 万円 ×（勤続年数 － 20 年）

⑦ 山林所得

山林事業から生じる所得で，算式は次のとおり。

山林所得 ＝ 総収入金額 － 必要経費

山林事業も事業のひとつなので，事業所得と同じなのですが，山林事業は長期の労働によって所得を得る性質のものであるため，事業所得とは分けて認識します。税額計算の段階で「五分五乗方式」という軽減措置が適用されます。

⑧ 譲渡所得

資産の譲渡による所得で，算式は次のとおり。

譲渡所得 ＝ 総収入金額 －（取得費 ＋ 譲渡費用）

譲渡所得には次の5種類があります。

・総合短期譲渡所得（特別控除50万円）
・総合長期譲渡所得（特別控除50万円＜総合短期の残り＞）
・分離短期譲渡所得
・分離長期譲渡所得
・株式の譲渡による所得

総合短期譲渡所得とは，所有期間が5年以下のもの。

総合長期譲渡所得とは，所有期間が5年を超えるもの。

分離短期譲渡所得とは，譲渡した年の1月1日において所有期間が5年以下のもの。

分離長期譲渡所得とは，譲渡した年の1月1日において所有期間が5年を超えるもの。

「分離」の譲渡所得とは，「土地・建物」の譲渡による所得で，「総合」の譲渡所得とは，「土地・建物」以外の譲渡による所得です。

⑨ 一時所得

一時的で非経常的な事由による所得で，算式は次のとおり。

一時所得 ＝ 総収入金額 － 支出金額（特別控除50万円）

⑩ 雑所得

雑所得は，作家ではない個人が受け取る印税収入と公的年金等が主なもので，

他にも①〜⑨のいずれにも該当しない所得は雑所得とされます。算式は次のとおり。

　雑所得 ＝ 総収入金額 － 必要経費

　公的年金等には，次のような算式による一定の控除額が認められます。

公的年金等の雑所得の金額 ＝ (a) × (b) － (c)

　(a) は，公的年金等の収入金額の合計額

　(b) は，以下の速算表の「割合」

　(c) は，以下の速算表の「控除額」

公的年金等に係る雑所得の速算表

年金の受取人の年齢	(a) 公的年金等の収入金額の合計額	(b) 割合	(c) 控除額
65歳未満	700,000円以下	所得金額はゼロ	
	700,001円から1,299,999円まで	100%	700,000円
	1,300,000円から4,099,999円まで	75%	375,000円
	4,100,000円から7,699,999円まで	85%	785,000円
	7,700,000円以上	95%	1,555,000円
65歳以上	1,200,000円以下	所得金額はゼロ	
	1,200,001円から3,299,999円まで	100%	1,200,000円
	3,300,000円から4,099,999円まで	75%	375,000円
	4,100,000円から7,699,999円まで	85%	785,000円
	7,700,000円以上	95%	1,555,000円

　例えば65歳以上の人で「公的年金等の収入金額の合計額」が340万円の場合には，公的年金等の雑所得の金額は次の金額になります。

　3,400,000円 × 75％ － 375,000円 ＝ 2,175,000円

　10種類の所得の計算式は以上です。最後に，非課税となる所得の代表例を挙げておきます。

☆ 非課税所得の代表例

　(1)　給与所得者の出張旅費，転勤旅費等のうち実費弁償的な部分

(2) 給与所得者の通勤手当のうち月額150,000円までの金額
(3) 心身に加えられた損害又は突発的な事故により資産に加えられた損害に基因して受ける損害保険金，損害賠償金，慰謝料，見舞金等
(4) 宝くじの当せん金

［3］ 10種類の所得分類における節税ポイント

(1) 配当所得の計算構造を応用した節税ポイント

配当所得の算式は次のとおりでした。

配当所得 ＝ 収入金額 － 負債利子

所得の額から「負債利子」が控除できます。さてそこで，クイズです。

Q．Z氏が自己資金300万円と，使途自由の銀行借入金300万円で，300万円の自家用車と300万円分の株式を購入しようと思っています。自己資金でどちらを，銀行借入金でどちらを購入するのが有利でしょうか。次の3つから選び，その理由も述べて下さい。

　A1．自己資金で自家用車を買い，銀行借入金で株式を買う。
　A2．自己資金で株式を買い，銀行借入金で自家用車を買う。
　A3．どちらでも同じである。

ヒントは，「配当の負債利子控除」です。

もうおわかりですね。正解は「A1．自己資金で自家用車を買い，銀行借入金で株式を買う」です。

銀行借入金で株式を買えば，その利子の額を株式から得られる配当から控除できるからです。ですから，銀行借入金で株式を買うことにする方が税務上有利になるのです。

この場合に注意しなければならないのは，「使途」と「支出の順番」の2点です。

借入金が，いわゆる「オートローン」というような「自動車購入用のローン」ですと，借入金で株式を買ったことにはなりませんね。また，問題文にあるように，銀行借入金は「使途自由の」ものでなければなりません。または「有価

証券担保ローン」のようなものでもいいかもしれません。要するに,「借入金で株式を買った」と説明できなければなりません。

さらには,「支出の順番」も,まず自己資金で自家用車を買ってしまってから銀行借入を起こして,それが実行されてから株式を買うというのが理想的な順番です。この逆に,まず株式を買ってから銀行借入を起こしてしまうと,自己資金で株式を買ったことになってしまいます。

これが配当所得の計算構造を応用した節税ポイントです。同じことをしても,税法を知っているか知らないかで得をすることができるのです。

(2) 譲渡所得の計算構造を応用した節税ポイント

譲渡所得の算式は次のとおりでした。

譲渡所得 ＝ 総収入金額 －（取得費 ＋ 譲渡費用）

譲渡所得には次の5種類があり,短期譲渡所得と長期譲渡所得は次のような定義でした。

・総合短期譲渡所得（特別控除50万円）
・総合長期譲渡所得（特別控除50万円＜総合短期の残り＞）
・分離短期譲渡所得
・分離長期譲渡所得
・株式の譲渡による所得

総合短期譲渡所得とは,所有期間が5年以下のもの。

総合長期譲渡所得とは,所有期間が5年を超えるもの。

分離短期譲渡所得とは,譲渡した年の1月1日において所有期間が5年以下のもの。

分離長期譲渡所得とは,譲渡した年の1月1日において所有期間が5年を超えるもの。

譲渡所得の計算構造を応用した節税ポイントは,

① 総合譲渡所得の「特別控除50万円」をフル活用すること
② できるだけ「長期」の譲渡所得にすること

③ 株式の譲渡による所得に関する譲渡損をフル活用すること

の3点です。それぞれについて説明します。

① 総合譲渡所得の「特別控除50万円」をフル活用すること

総合譲渡所得には「特別控除50万円」というのがあります。土地・建物以外の物品を譲渡して譲渡益が発生した場合でも、「1年間に50万円まで」は課税されないというわけです。

そこで、何かを売って譲渡益が発生しそうな場合に、一括して売るのではなく、可能であれば毎年少しずつ売っていった方が有利になります。

ここでは、わかりやすい例として、金地金を用いて説明します。

＜具体例＞

金田持雄さんは300グラムの金地金を10個持っています。買った時の価格は全て1個当たり150万円で、保有期間は10個ともちょうど4年です。そして現在、1個の売却価格は200万円だとします。

これを一括して売ると500万円の譲渡益が発生します。

（200万円 － 150万円）× 10個 ＝ 500万円

金田持雄さんの個人の税率を概算で30％とします。総合短期譲渡所得の金額は、500万円から特別控除の50万円を引いた450万円となり、税金が135万円かかります。

一方、この金地金を10年間かけて1個ずつ売っていけば、総合短期（または長期）譲渡所得の金額はゼロとなり、税金が一切かかりません。10個とも税金がゼロで売れるのです。

（200万円 － 150万円）－ 特別控除50万円 ＝ 0

もちろん、現実には10年間かけて1個ずつ売っていった場合には、売却価格が全て200万円とは限らず、損益の額は異なってくるでしょう。しかし、売却価格を一定と仮定した場合には、10年間でたしかに135万円の節税になります。これは「総合譲渡所得の特別控除（50万円）をフル活用すること」によって得られるメリットです。

また，この事例では，10年間かけて1個ずつ売っていった場合，2個目までは保有期間がちょうど5年ですから「短期」譲渡所得ですが，3個目からは保有期間が5年を超えますから「長期」譲渡所得になります。

「長期」の譲渡所得は税額が半分になるので，3個目からは売却価格が200万円を超えた場合，その譲渡益も半額にできるので，その点でも一括で売るよりも有利です。（なお，2個目も売却日を1日遅らせれば長期にできます。）

金地金に限らず，譲渡益が発生しているものをいくつか持っていて，それを売る場合には，一括で売るよりも毎年少しずつ売っていく方が税務上，有利なのです。

ちなみに，ある宝飾品店が「金地金を無料で小さく切り分けます」というサービスをおこなったところ，お客さんが殺到したそうです。理由は，ここに書いたように，「毎年少しずつ売っていく方が税務上，有利」だからです。

ということは，貴金属などはできれば「最初から少しずつ買っておく方が税務上，有利」だということです。

② できるだけ「長期」の譲渡所得にすること

①にも少し書きましたが，「長期」の譲渡所得は「短期」の譲渡所得に比べて税額が半分ですみます。

ですから，「土地・建物」（＝分離譲渡所得）はもちろんのこと，「土地・建物」以外（＝総合譲渡所得）でも，譲渡所得についてはできるだけ「長期」に分類されるように考えて売却した方が有利です。

＜具体例＞

家田持雄さんは2013年9月1日に購入した住宅を売ろうと思っています。買った時の価格は土地・建物全てを含めて3,000万円でした。2018年12月1日に引渡とする売却契約の話が浮上しています。売却価格は4,000万円とし，居住用財産の非課税等の優遇税制の適用はないものとします。

さて，このままの条件で売却してしまいますと，家田持雄さんには分離「短期」譲渡所得が発生してしまいます。この場合，所有期間は5年と3ヶ月で，

5年を超えていますが、分離譲渡所得の場合、「譲渡した年の1月1日において所有期間が5年を超えるもの」でないと「長期」にはなりません。「譲渡した年の1月1日」とはこの場合、2018年1月1日になりますので、同日においては所有期間が5年を超えていません。ですから、分離「短期」譲渡所得に該当してしまうのです。この点も気をつけなければなりません。

そしてこの場合どうすればいいのかというと、「引渡日を1ヶ月遅らせてもらうように交渉する」しかありません。そうすることで、分離「短期」譲渡所得ではなく、分離「長期」譲渡所得に該当するようにしなければならないのです。

この事例では、分離「長期」譲渡所得に該当するようにできれば、大雑把に計算して約200万円ほど税額が少なく済みます。ですから、たとえば「1ヶ月待ってくれれば売り値を40万円値引きします」と交渉しても、売り主である家田持雄(いえだもちお)さんの税引き後の手取りは160万円ほど増えます。

また、買い主が2018年12月1日に入居したいということであれば、「最初の1ヶ月は賃貸契約として、所有権の移転を2019年1月1日以降にする」というのも一手でしょう。

この件も、課税制度を知っていれば得をする（＝知らなければ損をする）という典型的な事例です。

③ 株式の譲渡による所得に関する譲渡損をフル活用すること

株式の譲渡による所得に関しては、「譲渡損が3年繰り越せる」という制度があります。逆にいえば、「株式の譲渡による譲渡損は3年しか繰り越せない」ので、3年以上前の譲渡損は消えてしまうのです。

そこで、もし「消えてしまう譲渡損」がある場合で、かつ、含み益のある株式を保有している場合は、「年末までに譲渡益を実現させるべき」なのです。これについては、以下で＜具体例＞で数値例を用いて説明します。

＜具体例＞

株尾持蔵(かぶおもつぞう)さんの2018年の株式投資の損益は±ゼロですが、A社の株式を保有中で12月24日の時点で評価益が100万円あります。そして、過去の損益は

以下のとおりです。

2017 年　±ゼロ

2016 年　±ゼロ

2015 年　－ 100 万円

さて，このまま 2018 年の年末まで放置してしまうと，2019 年には「2015 年の－ 100 万円」が消えてしまいます。

ですから，株尾持蔵さんは A 社の株式を 12 月 25 日に即座に売却し，評価益の 100 万円を実現させなければ損です。この実現した 100 万円は「2015 年の－ 100 万円」と相殺できるので，課税額はゼロですみます。

しかしもしもこのまま保有し続けて，2019 年 1 月に同じ株価で売って 100 万円の譲渡益を得た場合には，相殺できる損失額が消えてしまっているので，この A 社株の譲渡益は全額課税対象となり，約 20 万円の税金がかかってしまいます。このまま保有し続けて 2019 年に入ってしまうと，繰り越される譲渡損は次のようになり，2015 年の譲渡損は消えてしまうのです。

2018 年　±ゼロ

2017 年　±ゼロ

2016 年　±ゼロ

(2015 年の－ 100 万円は消えてしまう。)

すなわち，繰り越される譲渡損が消えてしまう前に，譲渡益と通算させるのです。売却した株は，同日にでも同じ（またはそれ以下の）株価でまた買い直せばいいのです。

なお，このような場合，「4 営業日ベース」という細かい問題もあるので気をつけなければなりません。というのも，株式の売買については，「4 営業日ベース」といって，売買した日から「4 営業日目に受け渡しになる」というルールになっているのです。ですから，この事例ですと 2018 年内に受け渡しも完了するには「12 月 25 日」というのが「年内最終売買日」になります。12 月 31 日までに売ればいいのではないので注意が必要です。（大納会は 12 月 28 日。）

「10 種類の所得とその計算式」のところでは，「知って得する節税ポイント」

は以上です。

では次に，課税の面から「人生観を見直す」という壮大なテーマに取り組んでみましょう。

［4］ クロヨン問題をきっかけに，10種類の所得の安定性に着目

「クロヨン問題」という言葉を聞いたことがある方はどのくらいいらっしゃるのでしょうか。

この「クロヨン問題」というのは，「964（ク・ロ・ヨン）問題」というわけで，「所得の捕捉率に関する不公平」を意味する言葉です。所得の捕捉率に関して，

給与所得者：事業所得者：農業従事者＝9：6：4

という具合に，所得を捕捉される割合が異なるというのです。10の収入金額があった場合に，給与所得者は9，事業所得者は6，農業従事者は4の所得しか課税当局に補足されないというわけです。（農業従事者も事業所得者なのですが，農業従事者に対する優遇税制があることから，事業所得者とは分けて，このような認識になっています。）

もちろん，数値が低い方が有利なので，所得の種類の違いによって不公平感があるという問題を「クロヨン問題」といいます。

ちなみに，「クロヨン」ではなく，「トーゴーサン」というのもあります。「9：6：4」どころではなく「10：5：3（トー・ゴー・サン）」だという説で，「実際の不公平感はもっと強い」という主張です。「クロヨン」も「トーゴーサン」も，私が初めて所得税を勉強し始めた35年前（1983年）にはすでに登場していた言葉なので，ずいぶん昔から日本の税制が抱えている問題だといえます。

というようなわけで，給与所得者は事業所得者よりも税制上圧倒的に不利だといわれ続けてきたのですが，現行でもその様子は変わらないままです。なぜそのような不公平感が放任されてきたのかと考えてみますと，国民が「それくらいでちょうどいいのかもしれない」と半ば諦めながらも認めてきているからなのではないかと思わざるを得ません。（どうしても納得がいかないのであれば，35年の間に税制改革を通じて変えることもできたはずだからです。）

では，このような不公平感が是認されてきた裏には何があったのかということを憶測してみますと，次のようなことが考えられます。

それは，「給与所得者は税負担感は大きいが，所得の安定性も高いので，まぁ仕方がないかな」という「国民の間での暗黙のコンセンサス」があるのではないか，ということです。つまり，給与所得者は税負担感の大きさを甘んじて受け，その代わりに「所得の安定性」を優先しているというわけです。

しかし，21世紀に入ってからの雇用の実態はどうでしょうか。非正規雇用という不安定な給与所得者が激増しただけではなく，雇用そのもの，すなわち企業の永続性にも大きな疑問符が打たれるような時代になっています。伝統ある大企業ですら倒産したり，海外企業に買収されたりということが珍しくなくなっています。

だとしたら，税負担感の大きい給与所得者の身分に甘んじる意味はあるのでしょうか。もちろん，全くないとは思いません。給与所得者の身分は大切なものではありますが，それだけに固執して思考停止を起こしてしまっていてはいけない時代になっていることは間違いないでしょう。

さてここで，10種類の所得の分類をもう一度思い出してみましょう。

① 利子所得　　⑥ 退職所得
② 配当所得　　⑦ 山林所得
③ 不動産所得　⑧ 譲渡所得
④ 事業所得　　⑨ 一時所得
⑤ 給与所得　　⑩ 雑所得

この中で有利な所得はどれでしょう。

いや，その前に，「給与所得さえあればいい」と考えてしまっているサラリーマン諸氏が意外と多いのではないでしょうか。21世紀は，それでは生き抜けません。

先ほどの「クロヨン問題」は，「⑤ 給与所得」と「④ 事業所得」の不公平感の問題でしたね。所得の計算式を振り返って考えてみますと，「④ 事業所得」と同じ計算式のものが他にもあります。「③ 不動産所得」と「⑦ 山林所得」と「⑩

雑所得」です。

「⑦ 山林所得」は「事業所得と同じものだが，課税の軽減のために事業所得とは分けて認識することになっている」と先ほど説明しました。そして，「⑩ 雑所得」は「その他の所得」です。問題は「③ 不動産所得」です。

<1> 不動産所得のススメ

この「③ 不動産所得」は「④ 事業所得」と同じく，優遇された所得なのです。

しかしながら，「不動産所得」というのは，一旦軌道に乗ってしまうと，かなり「安定性のある」所得であることが知られています。

「安定性のある所得なのに，税負担が軽め！」

これは見逃すことはできない所得ですね。

本書の前講（第6講）の「不動産投資と会計」のところをしっかりと読み直していただいた上で，給与所得に加えて，「不動産所得」も得られるような人生設計をしてみるのは，税制を俯瞰した上で有意義なことであろうと考えられます。

<2> 事業所得のススメ

不動産所得だけではなく，事業所得そのものもオススメです。つまり，「副業」です。本業の他にアルバイトもするというのは，この場合の「副業」には該当しません。本業の他に行うアルバイトは「給与所得」を増額させているだけですから。ここにいう「副業」というのは，給与所得に加えて「事業所得」も得るということです。

自分の得意分野を見つけて，それを軸にして「週末起業」のようなことをする，といったイメージです。

たとえば，インターネット上で「古本屋さん」を起業するとします。そうすると，パソコン代やインターネットのプロバイダー料金，家賃の一部などが必要経費として計上できます。それだけでも節税になりますし，事業所得が赤字になれば，その赤字を給与所得から差し引くことができますから，明確に節税になります。

公務員の方や，会社で「兼業が禁止」されている方にはオススメできません

が，そうではない方にとって，給与所得に加えて「事業所得」も得るということは是非とも一考に値します。

<3> 多元的所得のススメ

ここまでで，給与所得に加えて「不動産所得」と「事業所得」も得るということをオススメしてきましたが，その他の7種類についてもざっと検討してみましょう。

① 利子所得 ——— 低金利時代なので，この所得は無視します。
② 配当所得 ——— 本書の第2部を熟読いただいて，株式投資を実践することで配当所得を得られます。老後には，配当所得も年金収入に並んで貴重な収入源になりえます。
③ 不動産所得 ——— 上の<1>で述べました。
④ 事業所得 ——— 上の<2>で述べました。また，自営業者の方は，これが所得の主軸です。
⑤ 給与所得 ——— 定年までは所得の主軸です。
⑥ 退職所得 ——— 退職時に得られる所得です。
⑦ 山林所得 ——— 山林事業者の所得です。
⑧ 譲渡所得 ——— 不要品のみならず貴重品も含めて，自分が使わなくなったものはネットでどんどん売却すれば，譲渡所得が得られ，断捨離もできます。総合譲渡所得は毎年50万円までが非課税です。また，株式投資もオススメです（本書の第2部参照）。
⑨ 一時所得 ——— これは偶発的な所得ですから，意図的には得られない所得です。可能であれば懸賞金への応募やクイズ番組への挑戦なども面白いでしょう。なお，この一時所得も総合譲渡所得と同様に，毎年50万円までは非課税ですし，「2分の1課税」の有利性もあります。
⑩ 雑所得 ——— 年金収入以外にはあまり該当しない所得ですが，原稿や論文を書くことで印税収入を得た場合には，こ

の所得を得ることになります。

　このように見てくると，頑張ればかなり多元的に所得を得ることができるということがわかります。

　少しだけ頑張るだけでも，「⑤ 給与所得」以外に，「② 配当所得」・「⑧ 譲渡所得」は得られます。

　もう少し頑張れば，それ以外に，「③ 不動産所得」・「④ 事業所得」が得られます。

　かなり頑張れば，それに加えて，「⑨ 一時所得」・「⑩ 雑所得」も得られます。

　このように所得の源流は多元的にとらえることができるのです。21世紀的なマルチプレイヤーを目指してみませんか。

　では次の第3節で，所得控除について簡潔に紹介します。

第3節　所 得 控 除

　所得控除は（2018年において）全部で13種類あり，大きく分けると(1) 物的控除と(2) 人的控除の2分種に分けることができます。

　この所得控除は，フルに活用することで節税ポイントになりますので重要な事項なのですが，税法改正による変更も多い論点なので，ここでは2018年における制度の概要だけを簡潔に述べるにとどめます。

　詳しくは，インターネット等でその都度調べ直して下さい。

　また，所得控除の留意点は，「所得控除の額は，その金額と同じ額の税額が減るのではなく，所得控除の『税率倍』の税額が減る」ということです。すなわち，所得控除額がたとえば1万円あって，所得税率が20％だとしたら，税額が減る金額は（1万円×20％＝）2,000円です。

［1］　物 的 控 除

(1)　雑 損 控 除

・災害，盗難，横領による損失
・控除額 ＝ 資産損失額 － 保険金収入 － 足切り額
・足切り額は，災害関連支出に応じて若干異なりますが，概ね，「総所得金額×10％」。

＜一口コメント＞

　横領というのは日常生活ではあまり起こらないことですが，災害と盗難による損失はたまに起こります。災害や盗難に遭った時には，少しでも損害を回復するために，この所得控除を活用したいところです。

　この所得控除を活用するには，減失した資産を購入した時の領収証が必要です。比較的高額な品物を購入した時の領収証は保管しておくようにしなければなりません。また，盗難の場合には「盗難届の写し」も必要です。

　この項目は，勤務先での年末調整の対象にはならないので，確定申告をして自分で申告調整をする必要があります。

(2) 医療費控除

・控除額 ＝ 医療費の額 － 保険金収入 － 足切り額
・足切り額は，総所得金額×5％ と 10万円のいずれか少ない金額。
・控除額の上限は200万円

＜一口コメント＞

　この所得控除を活用するためにも，医療費の領収証が必要です。1年の最後の方になって，比較的高額な医療費を負担することになるかもしれませんから，1年の最初から医療費の領収証は保管しておくようにしなければなりません。年末になって，1年分の医療費が足切り額に満たない場合には，その時に領収証を捨てればいいので，とにかく医療費の領収証は保管しておくことにしましょう。

　また，医療費控除の適用範囲は「生計を一にする親族」です。いわゆる扶養家族であれば，同居していなくても適用になります。家族中の医療費の領収証は，まとめて保管しておくようにしましょう。

この項目は，勤務先での年末調整の対象にはならないので，確定申告をして自分で申告調整をする必要があります。

(3) 社会保険料控除

控除額は支払金額全額。

＜一口コメント＞

これは，勤務先で年末調整をしてもらっている場合には，その段階で控除の扱いを受けていますので，何もする必要はありませんが，自営業者や勤務先で年末調整をしてもらっていない場合には，確定申告をして自分で申告調整をする必要があります。

(4) 生命保険料控除

控除額は旧契約か新契約かによって，また支払金額によって異なり，合算する。（上限12万円）

・一般の生命保険（旧）

年間の支払保険料の合計	控除額
25,000円以下	支払金額全額
25,000円超 5万円以下	支払金額÷2 ＋ 12,500円
5万円超 10万円以下	支払金額÷4 ＋ 25,000円
10万円超	5万円

・一般の生命保険（新）

年間の支払保険料の合計	控除額
2万円以下	支払金額全額
2万円超 4万円以下	支払金額÷2 ＋ 10,000円
4万円超 8万円以下	支払金額÷4 ＋ 20,000円
8万円超	4万円

・他にも生命保険の種類（一般・年金・介護）によって控除額が異なる。この控除制度はよく改正になる項目なので，詳しくはインターネットで各自で調べて下さい。

(5) 地震保険料控除

控除額は支払金額全額。（上限5万円）

＜一口コメント＞

生命保険料控除と地震保険料控除については，毎年10月か11月頃に送ってくる「生命保険料控除証明書」・「地震保険料控除証明書」をきちんと保管した上で，勤務先で年末調整をしてもらっている場合には，その時に勤務先に忘れず提出しましょう。

自営業者や勤務先で年末調整をしてもらっていない場合には，これも確定申告をして自分で申告調整をする必要があります。

(6) 寄附金控除

・控除額 ＝ 特定寄附金の支出額と

　　　　　総所得金額×40％　のいずれか少ない金額 － 2,000円（足切り額）

・税額控除との選択適用

　① 政党等への寄附　　　　　　（その寄附金の支出額 － 2,000円）× 30％

　② 認定NPO法人に対する寄附（その寄附金の支出額 － 2,000円）× 40％

　③ 公益社団法人等への寄附　　（その寄附金の支出額 － 2,000円）× 40％

＜一口コメント＞

いわゆる「ふるさと納税」は，この寄附金控除を応用したものです。「ふるさと納税」は，できるだけ活用した方がいいでしょう。詳しくは「ふるさと納税」に関する書籍をご参照下さい。

[2] 人的控除

(1) 障害者控除

・本人，控除対象配偶者，扶養親族が障害者であれば，1人につき27万円の控除。
　（特別障害者は，1人につき40万円。同居特別障害者は，1人につき75万円。）

(2) 寡婦（寡夫）控除

・寡婦
　　イ　離別または死別＋扶養親族
　　ロ　離別または死別＋合計所得金額が500万円以下
　　控除額は27万円。イとロの両方を満たすと，控除額は35万円。
・寡夫（寡婦のイとロの両方）
　　離別または死別＋扶養親族＋合計所得金額が500万円以下
　　控除額は27万円。

(3) 勤労学生控除

・学生であること
・給与所得以外の所得が10万円以下
・合計所得金額が65万円以下（大雑把にいえば，給与所得の収入金額が130万円以下）
　控除額は27万円。

＜一口コメント＞

　給与所得の収入金額が130万円以下の学生さんに適用できる所得控除です。ただし，その学生さんが両親のいずれかの「扶養親族（以下の(6)で解説）」に該当している場合には，給与所得の収入金額が103万円を超えると「扶養親族」の対象外になってしまうので，注意が必要です。すなわち，給与所得の収入金額が103万円を超えても，130万円以下であれば，勤労学生控除が適用されて，本人の税額はゼロですが，扶養してもらっている両親のいずれかの「扶養控除」の対象外になってしまい，その両親のいずれかの税額が上がってしまうのです。

(4) 配偶者控除

・合計所得金額が38万円以下（大雑把にいえば，給与所得の額が103万円以下）

控除額は，次のとおり（2018年現在）

一般配偶者　13～38万円　老人配偶者　16～48万円（老人とは配偶者が70歳以上。）

＜一口コメント＞

2018年現在，この控除を見直そうという動きがあります。納税者の合計所得金額の額によって，段階的に適用が受けられなくなります。女性の社会進出を後押しする政策によって廃止に追い込まれていくでしょう。

(5) 配偶者特別控除

・配偶者の合計所得金額が38万円を超え123万円以下の場合の救済措置で，控除額は次のとおり。

		控除を受ける納税者本人の合計所得金額		
		900万円以下	900万円超 950万円以下	950万円超 1,000万円以下
配偶者の合計所得金額	38万円超　85万円以下	38万円	26万円	13万円
	85万円超　90万円以下	36万円	24万円	12万円
	90万円超　95万円以下	31万円	21万円	11万円
	95万円超　100万円以下	26万円	18万円	9万円
	100万円超　105万円以下	21万円	14万円	7万円
	105万円超　110万円以下	16万円	11万円	6万円
	110万円超　115万円以下	11万円	8万円	4万円
	115万円超　120万円以下	6万円	4万円	2万円
	120万円超　123万円以下	3万円	2万円	1万円

＜一口コメント＞

2018年現在，この控除も見直そうという動きがあります。(4)の配偶者控除と連動して改正されていくでしょう。

(6) 扶養控除

生計を一にする親族（6親等以内の血族と3親等以内の姻族）

控除対象扶養親族の所得制限は，合計所得金額が38万円以下（大雑把にいえば，給与所得の額が103万円以下）。

控除額　＜控除額は年齢別＞

一般扶養親族	38万円	（16歳以上）
特定扶養親族	63万円	（19歳以上23歳未満）
老人扶養親族	48万円	（70歳以上）
同居老人親族	58万円	（70歳以上）
同居特別障害者	75万円	（同居していない特別障害者　40万円）

「同居老人親族」とは，納税者本人又はその配偶者の直系尊属で同居している扶養親族。

＜一口コメント＞

この控除には，配偶者特別控除のような救済措置（＝(5)の配偶者特別控除）がありませんから，所得制限を1円でも超えると扶養控除の適用がなくなるので注意が必要です。

(7) 基礎控除

・無条件で38万円

所得控除は（2018年において）以上の13種類です。

この所得控除をフルに活用することが節税ポイントですので，できるだけ適用を受けるようにしたいところです。

第4節　税額の計算

日本の所得税率は，「超過累進税率」を採用しています。表7－1に2018年

における所得税率をお示ししました。

表7－1　所得税率・住民税率
〔所得税の速算表〕（復興特別所得税抜き）

課税される所得金額（円）		税率（%）	控除額（円）
超	以下		
	1,950,000	5	0
1,950,000	3,300,000	10	97,500
3,300,000	6,950,000	20	427,500
6,950,000	9,000,000	23	636,000
9,000,000	18,000,000	33	1,536,000
18,000,000	40,000,000	40	2,796,000
40,000,000		45	4,796,000

〔住民税は、一律10%〕
均等割 5,000円

　課税所得の金額が695万円を超えると、住民税率（10%）を合わせた税率が33％に達します。課税所得の金額がこの水準に達したら、「法人化による税金対策」が有効性を発揮します。すなわち、法人を設立し、個人課税ではなく法人課税を受けることで納税額を合法的に減額できるのです。
　なお、「課税所得の金額が695万円」というのは、「『所得』の金額が695万円」ということとは違います。「課税所得の金額」というのは「給与所得控除額」と「所得控除額」を差し引いた後の金額ですので、「税込みの給与収入の額」でいえば、「年収1,170万円」くらいに相当します。このように「課税所得の金額」というのは、生活実感とはかけ離れた少ない数字になります。

＜一般例＞

税込み年収	1,170万円
給与所得控除額	－220万円
所得控除額	－255万円　（一般的なサンプルで算出）
課税所得の金額	695万円

　なお、所得控除額は配偶者と子供2人（高校生1人・大学生1人）の標準的な

概算額。

では次の第5節で，法人化による税金対策について簡潔に解説します。

第5節　法人化による税金対策

2018年における所得税率と法人税率を表7－2にお示ししました。

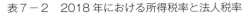

表7－2　2018年における所得税率と法人税率

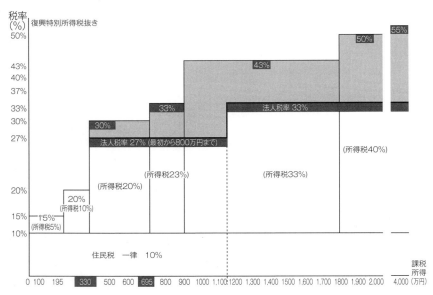

〔注意〕
・住民税率は，標準税率で計算しています。ただし，（均等割）は，含んでいません。
・課税所得金額は所得税と住民税とでは異なりますが，便宜上，ここでは同額であるものとしています。
・法人税の実行税率（住民・事業税込）は，約27％〜33％

2018年における法人税の実効税率は，法人の所得金額が800万円まではおよそ27％で，所得金額が800万円を超える部分にはおよそ33％です。

表7－2をご覧いただくとおわかりのように，個人の課税所得の金額が330万円（税込みの給与収入の額でいえば，「年収780万円」くらいに相当）を超えると，

法人税の実効税率の方が低くなります。ですから，厳密にいえば，給与収入の額で年収780万円，または事業所得の額で580万円を超えたら，「法人化による税金対策」を検討する必要が生じてくるのです。

ただ一方で，「法人化することによる経費」というものも考慮しなければなりません。

たとえば，法人を設立するために司法書士さんに依頼すれば，初年度だけの経費ですが20万円〜30万円くらいかかります。税務申告のために税理士さんに依頼すれば，毎年の経費で20万円〜40万円くらいかかります。また，法人税については，たとえ法人所得がゼロでも「均等割」という税額が7万円課されます。

このような事情を考慮に入れると，給与収入の額で年収780万円，または事業所得の額で580万円を超えたからといって，即座に「法人化による税金対策」を実行するのは採算に合わないということになります。

ですから，第4節に述べたように，「給与収入の額で年収1,170万円，または事業所得の額で950万円（課税所得の金額が695万円）を超えたところからは，法人化による税金対策が明らかに有効性を発揮する」と考えられます。

以上を総括すると，次のように考えておくのが適切でしょう。

給与収入の額で年収780万円，または事業所得の額で580万円を超えたら，「法人化による税金対策」を検討し始め，準備を開始する。そして，給与収入の額で年収1,170万円，または事業所得の額で950万円（課税所得の金額が695万円）を超えたら，法人化による税金対策をしっかりと講じる。

それでは最後に，所得税の代表的な税額控除を紹介します。

第6節　代表的な税額控除

所得税の税額控除にはいくつかの項目がありますが，あまり一般的には適用されにくいものが多いです。そこでここでは，代表的な税額控除を2つだけを紹介します。

(1) 住宅借入金等特別控除
(2) 配当控除

　なお，税額控除というのは所得控除とは異なり，税額控除の額がそのまま税額の軽減額になります。

　では，上の２つの税額控除について簡単にコメントします。

(1) 住宅借入金等特別控除

　この税額控除は，俗に「住宅ローン控除」といわれているもので，ローンを使って住宅を新築したり増改築したりした時に適用されます。時期によって控除額が異なりますが，借入金の額（上限規定あり）のおよそ１％の額が税額控除になります。詳しくは住宅メーカーまたは税務署にお問い合わせ下さい。

　ここで注意しなければならないことは，住宅ローン控除があるからといって無理に家を建てるのは本末転倒だということです。

　皆さんは，たとえば洋服屋さんで「１％値引券」があるからといって，たいして欲しくもない服を無理に買うでしょうか。50％ OFF とか70％ OFF ならまだしも，たった１％の値引だったら，その割引券がきっかけで，たいして欲しくもない服を買うことはないでしょう。それと同じです。

　ただし，「どうせ買うなら，１％とはいえ是非使いましょう」ということはいえますね。ですから，この税額控除は，「オマケの割引券」なのです。「どうせ買うなら，是非使いたいものではあるが，これがあるからといって買うことにするのはおかしい」というものであることを肝に銘じておきたいところです。

(2) 配当控除

　配当というのは法人税が課された税引後の所得から分配されます。ですから，配当に対して所得税を課税するというのは，株主に対する法人税と個人所得税の二重課税になるので，課税を軽減するための措置として講じられています。

　配当金を受け取った人には適用がありますので，忘れずに適用を受けましょ

う。ただし，これも確定申告をして自分で申告調整をする必要があります。

第 2 部

会計情報に基づく株式投資の必勝法
～損切り知らずの投資法～

第2部では，会計情報に基づく株式投資の必勝法について解説します。ここで解説する手法は，私自身が長年にわたる実践を通して確立してきたものであり，安全性と堅実さを重視したものです。

　会計情報というのは，株式投資で良好な成果をあげる際に非常に役立つものなのです。まさに，「知って得するアカウンティング」を地で行くようなものが，会計情報を基にした株式投資の手法だというわけです。

　しかも，本書で紹介する投資法は，「損切り知らずの投資法」ともいえるものであり，株で損をしたくない人は必見です。

　もちろん，株式投資というのは利益を得られるものであると同時に，損をすることもあるものです。「損をすることがない投資法」などというと，むしろうさん臭くさえ聞こえます。「そんなの，あるわけない」と。

　ですから，正確には，「損切りをすることを極力排除するために，研究し尽くして考え抜いた投資法」というのが適切でしょう。過去の事例を徹底的に研究して，考え抜いた投資戦略に基づいて株式投資を実践していくことにより，「損切り（＝損失）」を極小化するのです。

　そのためには，きちんと「勉強」することが必須の条件ですし，投資の実践においては，それなりの「手間」もかかります。しかし，そうすることで，損切りをすることを極力排除して，着実に利益を積み重ねていくことを実現できるのだと確信しています。「勉強することと一定の手間をかけること」によって，「損切り（＝損失）」は極小化できます。その手法を解説していきます。

　ただし，本書で解説する手法は，「短期で2倍！3倍！」といったような大儲けは狙っていません。短期（3ヶ月以内）では5〜6％のリターンですし，年率換算でもせいぜい20％〜30％くらいが実現できれば上出来です。（投資の世界では，「短期（3ヶ月以内）で5〜6％，年率で20％〜30％」といえば「大儲け」の部類に入るともいえますが。）

　「短期（3ヶ月以内）で5〜6％，年率で20％〜30％」というのを目標にしつつ，一方で「損切り（＝損失）」を極小化する。これが本書で解説する「会計情報に基づく株式投資の必勝法」の真髄です。

では，第2部の本編に入る前に，第2部の構成を紹介します。

最初に，投資対象とする銘柄の選別法について解説します。ここで選別した対象銘柄は本書で解説する3つの投資法（長期投資・中期投資・短期投資）を通じて一貫したものです。3つの投資法のいずれを採択する場合も，投資対象とするのは同じ銘柄群から選ぶことになります。

次に，長期投資の手法を解説します。本書では，長期投資といった場合，投資期間を半年〜2年と考えます。

そして，中期投資の手法を解説します。中期投資といった場合，投資期間を3ヶ月〜1年と考えます。

最後に短期投資の手法を解説します。短期投資といった場合，投資期間を概ね3ヶ月以内と考えます。

まず短期投資の手法を解説し，それから中期投資の手法，そして最後に長期投資の手法を解説するのが自然な順番のようにも思えますが，本書では敢えて長期投資→中期投資→短期投資の順に解説しました。

そもそも株式投資というのは，「短期で投資するか，中期で投資するか，長期で投資するか」ということを最初に決めてから始めるものではありません。できるだけ短期投資でうまくいく方がいいに決まっていますし，投資期間などというものは事前に決められるものではないのです。

むしろ投資の実践において非常にありがちなことは，「短期で投資するつもりだったのだが，うまくいかなかったのでやむを得ず中期または長期で投資することになった」ということです。ただし，ここで意味しているのは，「短期投資でうまくいかなかったので，ずるずると中期に，そしてさらには長期投資になってしまった」という悪い意味ではありません。そうではなく，「短期で投資するつもりだったのだが，うまくいかなかった。その場合には中期投資または長期投資に切り替えることで，結果としては大正解になる」という良い意味の切り替えを意図しています。

繰り返しになりますが，できるだけ短期投資でうまくいく方がいいのですが，短期で結果が出なかった場合でも，自信を持って中期または長期での投資に切

り替えることができれば，それが結果としては「負けない投資法」もしくは「損切り知らずの投資法」になるのです。本書では，そういったアプローチで解説していき，それによって「損切り知らずの投資法」を理解していただこうと試みています。そのため，まず長期投資→中期投資の順に解説してから，短期投資について解説します。短期投資のところで，「損切り知らずの投資法」として，「中期投資・長期投資への切り替え」を説明するために，先に長期投資と中期投資を解説しておく必要があるのです。

つまり，こういうことです。

基本的に，短期投資を前提に投資を開始します。うまく結果が出た投資は，短期的に（3ヶ月以内に）結果を出します。そして，もしも短期的にはうまく結果が出なかった場合には，その投資を中期投資または長期投資に切り替えるのです。もちろん，そのためには最初から中期投資または長期投資に耐えうる銘柄を選んでおく必要があります。そのことに関する詳しいことは，本編において述べていきます。

なお，本書の第2部の内容は，ＰＨＰ研究所から2018年3月に上梓した「現役会計学教授が実践している　堅実で科学的な株式投資法」の続編です。そのため，同書の記述と重複する部分が多いですが，データ等の細部にわたっては2018年7月または8月の時点のものに更新してありますし，追加的な内容も織り込んでいます。ですから，同書をすでにお読みになった方も，復習と勉強内容の更新のためにお読み下さい。（私の投資法は，常に進化し続けています。その進化を体験していただけるものと思います。）

それでは第8講において，銘柄選別の手法について解説していきます。

第8講　銘柄選別の手法

第1節　銘柄選別の基本ポリシー

　銘柄選別の基本ポリシーは「安全で健全な企業に絞ること」です。それがすなわち「安全で健全な投資」につながるからです。そのためにいくつかの基準を設けます。

　第1に，投資対象を「東証1部上場企業」に限ります。
　東証2部市場と新興市場に上場している企業群は，株価形成が理論的ではないことも多いので，除外するのです。言い換えれば，東証2部市場と新興市場に上場している企業の株価は，めちゃくちゃ上がったり，めちゃくちゃ下がったりすることがあるので，最初から投資対象としないのです。

　次に，投資対象を「国際優良企業」と「財務優良企業」に絞ります。
　「国際優良企業」とは，日本を代表する大企業の中で，一定の基準を満たした優良企業のことを指します。一定の基準については，次の第2節で解説します。
　「財務優良企業」とは，財務内容が非常に健全な企業群であり，後の第3節に述べる一定の基準を満たした優良企業のことを指します。
　本書では，3つの投資スタンス（長期投資，中期投資，短期投資）を採りますが，いずれの投資スタンスでも，投資対象はこの「国際優良企業」と「財務優良企業」に絞ります。
　繰り返しになりますが，投資対象を「安全かつ健全な企業群だけに絞っておくこと」が「安全で健全な投資」の大前提となるからです。
　それでは，「国際優良企業」と「財務優良企業」のそれぞれの選別基準について，第2節と第3節で簡潔に解説しましょう。

第2節　国際優良企業の選別基準

　国際優良企業の選別基準は，以下の4つです。
<第1基準>　毎年10月31日において，東証のTOPIX Core30とTOPIX Large70に該当している大企業
<第2基準>　海外売上高比率が30％以上
<第3基準>　1日平均の売買代金が30億円以上
<第4基準>　BPSの値が500円以上，かつ，自己資本比率が30％以上

　まず，<第1基準>によって，日本を代表する大企業100社を選別対象とします。東証のTOPIX Core30とTOPIX Large70は，時価総額が大きく，流動性が特に高い30社と70社の計100社を東証が選んだ銘柄群であり，毎年1回，銘柄入れ替えが行われて10月の第5営業日に公表されます。ですから，毎年10月の第5営業日には銘柄の見直しをすることが原則です。

　次に，<第2基準>の「海外売上高比率が30％以上」であるかどうかで，「国際的な」企業かどうかを選別しています。この海外売上高比率については，10％では少なすぎますし，50％ですとやや大きすぎるので，30％という数値を基準にしました。

　そして，<第3基準>で優良企業かどうかの基準として，「注目されている度合い」を採択しました。といいますのも，「有名かどうか」というのは非常に主観的な判断によってしまいますが，株式市場の注目度合いというのは「1日平均の売買代金」によって客観的に数値化して計測することができるからです。

　これも<第2基準>と同じように考えて，1日平均で10億円では少なすぎ，50億円ですとやや大きすぎるので，30億円という数値を基準にしました。

　なお，本書では「1日平均の売買代金」は2017年1月1日から12月31日までの1年分の月次の売買代金を概算で求めて，それを平均することで算出しました。過去1年分の月次の売買代金は，「Yahoo！ファイナンス」（URLは，

https://finance.yahoo.co.jp/）で過去１年分の株価データを調べて，エクセルを駆使して求めます。（求め方の詳細は，割愛します。）「１日平均の売買代金」を求めるのは手間がかかりますので，ひとたび算出したら，その後は２〜３年に一度計算し直せば良いと思います。

最後の＜第４基準＞は，財務安全性の面から見た足切り基準です。

BPSとは 'Book value Per Share' の略で，１株当たりの純資産を意味します。各企業の貸借対照表に記載されている純資産の額を発行済株式総数で割ったものです。

＜第４基準＞で，BPSの値が500円未満の企業と自己資本比率が30％未満の企業を排除しています。こうすることで，財務内容に一定の安全性を付与しているのです。

これによって，表８－１の46社が選別されました。

表８－１　国際優良企業群

No.	Code	銘柄名	決算月
1	3382	セブン＆アイ・HD	2
2	1605	国際石油開発帝石	3
3	2802	味の素	3
4	3402	東レ	3
5	3407	旭化成	3
6	4063	信越化学工業	3
7	4502	武田薬品工業	3
8	4503	アステラス製薬	3
9	4523	エーザイ	3
10	4568	第一三共	3
11	4901	富士フイルムHD	3
12	5401	新日鐵住金	3
13	5411	JFE HD	3
14	5713	住友金属鉱山	3
15	5802	住友電気工業	3
16	6273	SMC	3
17	6301	小松製作所	3

第2部　会計情報に基づく株式投資の必勝法

No.	Code	銘柄名	決算月
18	6367	ダイキン工業	3
19	6501	日立製作所	3
20	6503	三菱電機	3
21	6594	日本電産	3
22	6861	キーエンス	3
23	6869	シスメックス	3
24	6902	デンソー	3
25	6954	ファナック	3
26	6971	京セラ	3
27	6981	村田製作所	3
28	6988	日東電工	3
29	7011	三菱重工業	3
30	7203	トヨタ自動車	3
31	7261	マツダ	3
32	7267	本田技研工業	3
33	7269	スズキ	3
34	7270	SUBARU	3
35	7741	HOYA	3
36	7974	任天堂	3
37	8035	東京エレクトロン	3
38	9983	ファーストリテイリング	8
39	2914	日本たばこ産業	12
40	4452	花王	12
41	4578	大塚HD	12
42	4911	資生堂	12
43	5108	ブリヂストン	12
44	6326	クボタ	12
45	7751	キヤノン	12
46	8113	ユニ・チャーム	12

*　HD＝ホールディングス

*　表8－1の配列は決算月順，Code順。

第3節　財務優良企業の選別基準

　財務優良企業の選別基準は，以下の4つです。
＜第1基準＞　東証1部に上場する企業
＜第2基準＞　純資産額が500億円以上
＜第3基準＞　純資産額が1,000億円以下の企業は，1日平均の売買代金が
　　　　　　　1億円以上
＜第4基準＞　BPSの値が1,000円以上，かつ，自己資本比率が60％以上
　＜第1基準＞によって，東証1部に上場する企業に絞ります。
　そして，＜第2基準＞によって，一定額以上の純資産額を有する企業に絞ります。純資産額というのはその企業の資本金を含めた内部留保額を示していますので，この金額が一定額以上の企業に絞っておくことで，財務の安全性と安定性を確保します。
　＜第3基準＞は，1日平均の売買代金の足切り基準です。1日平均の売買代金が少ないということは，出来高が少ないということですから，まずもって，売買そのものがしにくくなります。
　また，出来高が少ない銘柄の株価は，東証2部上場銘柄や新興市場の銘柄と同じく，理論的な動きをしないことも多いのです。そこで，純資産額が1,000億円以下の企業については，「1日平均の売買代金が1億円以上」という基準を設けました。1億円では少ないようにも思えますが，足切り基準として，やや低めに設定しました。
　なお，ここでも「1日平均の売買代金」は2017年1月1日から12月31日までの1年分の月次の売買代金を概算で求めて，それを平均することで算出しました。
　＜第4基準＞は，国際優良企業の選別基準の＜第4基準＞と同じで，財務安全性の面から見た足切り基準です。財務優良企業の場合は，国際優良企業の基準の2倍を基準として，「BPSの値が1,000円以上，かつ，自己資本比率が

60％以上」としました。

　財務優良企業の場合は，財務面での基準を国際優良企業のそれよりも一層厳格にしました。国際優良企業は，もともと日本を代表する大企業群ですから，財務面での選別基準は，だいぶ緩くしたのですが，財務優良企業の場合は国際優良企業よりも一層厳格にし，基準値を国際優良企業の2倍にしました。

　これによって，表8－2の231社が選別されました。財務優良企業の中には，国際優良企業でもある企業が15社含まれていますので，投資対象企業群は全部で（46社＋231社－15社＝）262社になります。

　本書では長期投資・中期投資・短期投資の3つの手法を解説していきますが，全ての手法の対象となる企業群は，ここまでで選別した262社です。

表8－2　財務優良企業群

No.	Code	銘柄名	1日平均の売買高（万円）	純資産簿価50,000百万円以上	BPS 1,000円以上	自己資本比率60%以上	決算月
1	9437	ＮＴＴドコモ		5,712,144	1,581	73.3	3
2	6902	デンソー		3,598,321	4,615	62.4	3
3	1605	国際石油開発帝石		3,158,868	1,997	68.5	3
4	4063	信越化学工業		2,413,025	5,512	80.8	3
5	6971	京セラ		2,336,246	6,354	74.0	3
6	5108	ブリヂストン		2,317,008	3,082	60.2	12
7	4578	大塚HD		1,699,670	3,087	69.0	12
8	6954	ファナック		1,467,630	7,540	84.5	3
9	6981	村田製作所		1,457,216	6,830	81.1	3
10	6861	キーエンス		1,381,057	11,389	92.9	3
11	7974	任天堂		1,323,574	10,980	80.7	3
12	6273	ＳＭＣ		1,150,416	17,067	84.3	3
13	4508	田辺三菱製薬		882,808	1,574	84.3	3
14	8035	東京エレクトロン		771,509	4,674	63.5	3
15	6963	ローム		751,877	7,104	86.4	3
16	4661	オリエンタルランド		721,976	2,197	78.9	3
17	4519	中外製薬		711,344	1,301	83.3	12
18	9404	日本テレビHD		704,919	2,728	77.7	3

No.	Code	銘柄名	1日平均の売買高（万円）	純資産簿価50,000百万円以上	BPS 1,000円以上	自己資本比率 60%以上	決算月
19	6988	日東電工		693,278	4,329	73.9	3
20	4581	大正製薬HD		691,318	8,452	84.3	3
21	2579	コカ・コーラボトラーズジャパン		622,495	3,048	70.0	12
22	4151	協和発酵キリン		626,815	1,145	87.5	12
23	4507	塩野義製薬		604,840	1,911	83.2	3
24	9401	東京放送HD		600,950	3,350	71.0	3
25	6586	マキタ		556,133	2,033	84.8	3
26	5214	日本電気硝子		534,235	5,371	71.0	12
27	7741	ＨＯＹＡ		530,677	1,386	80.9	3
28	4528	小野薬品工業		529,619	1,020	86.1	3
29	6645	オムロン		505,530	2,400	67.9	3
30	1662	石油資源開発		457,207	7,402	60.5	3
31	9843	ニトリHD		457,160	4,081	80.4	2
32	7276	小糸製作所		444,808	2,551	60.9	3
33	6113	アマダHD		438,863	1,191	78.2	3
34	1944	きんでん		433,227	1,992	71.3	3
35	4307	野村総合研究所		432,783	1,761	64.2	3
36	7309	シマノ		424,361	4,578	88.9	12
37	2002	日清製粉グループ本社		413,794	1,345	67.3	3
38	9076	セイノーHD		405,739	1,999	63.4	3
39	4185	ＪＳＲ		393,499	1,768	60.8	3
40	2897	日清食品HD		391,776	3,519	64.5	3
41	8036	日立ハイテクノロジーズ		390,063	2,836	62.6	3
42	7951	ヤマハ		388,345	2,126	69.0	3
43	5334	日本特殊陶業		388,115	1,837	63.5	3
44	7832	バンダイナムコHD		387,354	1,759	71.5	3
45	6923	スタンレー電気		378,708	2,090	68.9	3
46	8227	しまむら		353,251	9,611	77.2	2
47	9602	東宝		349,932	1,885	76.1	2
48	9409	テレビ朝日HD		340,161	3,145	77.4	3
49	6417	ＳＡＮＫＹＯ		337,242	4,141	84.8	3
50	9533	東邦瓦斯		326,279	3,068	60.3	3

第2部　会計情報に基づく株式投資の必勝法

No.	Code	銘柄名	1日平均の売買高（万円）	純資産簿価50,000百万円以上	BPS 1,000円以上	自己資本比率60%以上	決算月
51	9364	上組		321,907	2,660	83.9	3
52	1881	ＮＩＰＰＯ		321,829	2,639	61.5	3
53	5444	大和工業		320,073	4,456	81.1	3
54	4114	日本触媒		310,762	7,705	65.4	3
55	6460	セガサミーHD		310,456	1,314	65.0	3
56	5947	リンナイ		307,965	5,589	67.6	3
57	6806	ヒロセ電機		303,783	8,711	89.4	3
58	9301	三菱倉庫		294,550	3,331	63.0	3
59	2875	東洋水産		290,881	2,741	74.9	3
60	4062	イビデン		286,367	2,013	64.2	3
61	2810	ハウス食品グループ本社		283,719	2,451	66.3	3
62	6841	横河電機		278,673	1,017	60.6	3
63	5463	丸一鋼管		269,305	3,126	81.7	3
64	2432	ディー・エヌ・エー		263,285	1,810	76.4	3
65	9766	コナミHD		253,782	1,877	69.9	3
66	2801	キッコーマン		253,289	1,292	71.5	3
67	2670	エービーシー・マート		243,512	2,940	84.9	2
68	4530	久光製薬		242,577	2,899	81.2	2
69	6370	栗田工業		240,853	2,127	73.9	3
70	6869	シスメックス		240,749	1,155	74.8	3
71	7313	テイ・エス　テック		235,589	3,465	66.9	3
72	6592	マブチモーター		233,445	3,460	91.3	12
73	3591	ワコールHD		232,712	3,454	78.0	3
74	1721	コムシスHD		231,767	2,008	70.1	3
75	1941	中電工		222,373	3,909	80.8	3
76	4272	日本化薬		220,602	1,203	72.4	3
77	6925	ウシオ電機		215,306	1,683	70.0	3
78	2206	江崎グリコ		214,788	3,166	60.7	3
79	7984	コクヨ		208,386	1,747	65.3	12
80	6146	ディスコ		205,265	5,686	79.6	3
81	4401	ＡＤＥＫＡ		205,088	1,910	62.8	3
82	3088	マツモトキヨシHD		204,871	1,935	65.0	3

第8講　銘柄選別の手法

No.	Code	銘柄名	1日平均の売買高（万円）	純資産簿価50,000百万円以上	BPS 1,000円以上	自己資本比率60%以上	決算月
83	6465	ホシザキ		204,568	2,798	64.0	12
84	1883	前田道路		201,977	2,327	69.6	3
85	4922	コーセー		198,607	3,227	67.8	3
86	4684	オービック		197,394	2,219	89.2	3
87	9719	SCSK		196,600	1,823	62.3	3
88	4540	ツムラ		196,533	2,532	65.9	3
89	8184	島忠		195,292	4,248	81.4	8
90	9684	スクウェア・エニックス・HD		193,359	1,618	74.2	3
91	6457	グローリー		192,165	3,004	62.0	3
92	7278	エクセディ		191,455	3,984	62.3	3
93	7966	リンテック		186,420	2,574	63.4	3
94	4045	東亞合成		186,212	1,415	77.5	12
95	6965	浜松ホトニクス		184,769	1,183	78.4	9
96	7251	ケーヒン		184,512	2,495	65.0	3
97	9072	ニッコンHD		182,627	2,702	63.5	3
98	7453	良品計画		180,744	6,725	74.8	2
99	8840	大京		180,356	2,175	65.2	3
100	6845	アズビル		177,962	2,426	63.2	3
101	4021	日産化学工業		176,364	1,168	70.1	3
102	1951	協和エクシオ		176,101	1,843	66.6	3
103	4547	キッセイ薬品工業		176,092	3,761	82.5	3
104	7862	トッパン・フォームズ		171,897	1,525	76.0	3
105	5451	淀川製鋼所		170,574	5,112	70.2	3
106	4403	日油		169,572	1,980	71.0	3
107	4569	キョーリン製薬HD		163,297	2,214	82.3	3
108	4095	日本パーカライジング		163,255	1,140	62.6	3
109	7649	スギHD		162,279	2,576	62.2	2
110	6103	オークマ		160,902	4,817	65.8	3
111	8595	ジャフコ		160,299	5,182	83.7	3
112	1950	日本電設工業		158,480	2,403	60.8	3
113	7981	タカラスタンダード		157,578	2,155	65.4	3
114	6816	アルパイン		156,104	2,232	70.1	3

第2部　会計情報に基づく株式投資の必勝法

No.	Code	銘柄名	1日平均の売買高（万円）	純資産簿価50,000百万円以上	BPS 1,000円以上	自己資本比率60%以上	決算月
115	9989	サンドラッグ		154,828	1,324	62.7	3
116	4967	小林製薬		154,139	1,950	73.1	12
117	4023	クレハ		152,041	7,272	62.0	3
118	6134	FUJI		151,412	1,655	81.4	3
119	6395	タダノ		150,044	1,180	60.9	3
120	5975	東プレ		148,695	2,665	64.3	3
121	4186	東京応化工業		148,682	3,422	81.1	12
122	4665	ダスキン		147,786	2,758	75.2	3
123	2229	カルビー		146,667	1,043	72.5	3
124	8214	ＡＯＫＩ　ＨＤ		146,528	1,692	61.3	3
125	5449	大阪製鐵		144,286	3,635	72.7	3
126	2327	新日鉄住金ソリューションズ		141,528	1,441	60.8	3
127	7230	日信工業		136,849	2,103	66.3	3
128	4471	三洋化成工業		136,270	5,901	65.0	3
129	9948	アークス		134,408	2,445	61.9	2
130	4206	アイカ工業		132,616	1,880	64.4	3
131	6349	小森コーポレーション		132,451	2,275	72.6	3
132	6136	オーエスジー		131,907	1,351	70.4	11
133	5481	山陽特殊製鋼		128,959	3,961	60.7	3
134	4527	ロート製薬		128,440	1,116	63.3	3
135	6986	双葉電子工業		127,430	2,776	82.0	3
136	9832	オートバックスセブン		127,352	1,538	67.7	3
137	4516	日本新薬		125,689	1,863	79.3	3
138	7458	第一興商		125,356	2,173	68.7	3
139	7224	新明和工業		125,004	1,308	65.7	3
140	5946	長府製作所		123,539	3,556	91.8	12
141	6222	島精機製作所		123,491	3,382	80.0	3
142	6810	マクセルHD		122,794	2,290	71.0	3
143	6807	日本航空電子工業		120,895	1,328	63.5	3
144	4534	持田製薬		119,687	6,029	77.2	3
145	8281	ゼビオHD		119,682	2,666	63.3	3
146	6005	三浦工業		117,482	1,041	70.3	3

第8講 銘柄選別の手法

No.	Code	銘柄名	1日平均の売買高(万円)	純資産簿価50,000百万円以上	BPS1,000円以上	自己資本比率60%以上	決算月
147	7296	エフ・シー・シー		117,311	2,337	68.9	3
148	3635	コーエーテクモHD		116,242	1,096	89.6	3
149	9830	トラスコ中山		114,948	1,743	76.1	12
150	4521	科研製薬		113,874	2,824	74.7	3
151	8871	ゴールドクレスト		113,795	3,227	62.7	3
152	2659	サンエー		113,425	3,463	74.2	2
153	4544	みらかHD		113,225	1,980	64.2	3
154	3002	グンゼ		112,129	6,084	64.9	3
155	6849	日本光電工業		109,355	1,284	69.2	3
156	3608	ＴＳＩ　HD		106,310	1,073	63.8	2
157	8130	サンゲツ		106,146	1,648	61.5	3
158	6436	アマノ		105,634	1,382	72.3	3
159	4733	オービックビジネスコンサルタント		105,264	2,801	84.9	3
160	5331	ノリタケカンパニーリミテド		103,026	6,941	63.7	3
161	7817	パラマウントベッドHD		102,803	3,454	73.9	3
162	3191	ジョイフル本田		101,883	2,754	66.6	6
163	9787	イオンディライト		101,783	1,700	67.1	2
164	5186	ニッタ		101,152	3,412	76.0	3
165	1377	サカタのタネ		100,403	2,087	80.8	5
166	7729	東京精密	93,000	99,354	2,368	74.0	3
167	3087	ドトール・日レスHD	32,217	96,958	2,192	79.4	2
168	6996	ニチコン	45,471	95,762	1,346	60.3	3
169	3593	ホギメディカル	40,627	94,063	3,002	88.4	3
170	6737	ＥＩＺＯ	41,911	91,521	4,293	75.5	3
171	8125	ワキタ	21,780	90,505	1,740	73.4	2
172	2109	三井製糖	22,475	89,871	3,084	62.3	3
173	3201	日本毛織	13,265	89,619	1,202	62.0	11
174	7976	三菱鉛筆	27,323	89,480	1,528	73.1	12
175	7739	キヤノン電子	21,229	88,068	2,158	80.6	12
176	7226	極東開発工業	20,956	87,907	2,191	62.7	3
177	5988	パイオラックス	21,710	87,154	2,394	86.1	3

第2部　会計情報に基づく株式投資の必勝法

No.	Code	銘柄名	1日平均の売買高（万円）	純資産簿価50,000百万円以上	BPS1,000円以上	自己資本比率60%以上	決算月
178	6804	ホシデン	163,434	86,992	1,463	63.0	3
179	4551	鳥居薬品	11,050	86,969	2,979	84.8	12
180	7942	ＪＳＰ	21,486	84,105	2,668	63.3	3
181	9413	テレビ東京HD	13,413	83,928	2,878	65.9	3
182	6744	能美防災	13,983	83,684	1,362	67.0	3
183	9543	静岡ガス	10,065	83,295	1,043	71.1	12
184	6651	日東工業	14,102	83,061	2,052	79.6	3
185	7581	サイゼリヤ	78,358	81,181	1,640	79.8	8
186	8185	チヨダ	16,316	80,992	2,088	60.6	2
187	7943	ニチハ	39,797	80,497	2,190	62.4	3
188	6407	ＣＫＤ	88,386	80,058	1,291	60.2	3
189	6741	日本信号	27,231	79,401	1,216	61.2	3
190	8114	デサント	18,984	78,875	1,046	66.9	3
191	1835	東鉄工業	32,049	78,127	2,218	60.3	3
192	3569	セーレン	32,539	77,832	1,288	62.9	3
193	9842	アークランドサカモト	11,571	76,474	1,696	72.7	2
194	4694	ビー・エム・エル	34,219	76,222	1,703	66.3	3
195	6118	アイダエンジニアリング	37,880	75,924	1,219	64.4	3
196	4917	マンダム	40,796	75,749	1,485	74.5	3
197	4921	ファンケル	69,013	75,597	1,177	81.0	3
198	2815	アリアケジャパン	60,718	74,027	2,312	84.3	3
199	4548	生化学工業	18,803	73,945	1,306	87.3	3
200	9882	イエローハット	15,458	73,363	3,177	73.0	3
201	4626	太陽HD	34,916	73,023	2,521	65.2	3
202	1414	ショーボンドHD	45,028	72,751	2,703	80.7	6
203	6432	竹内製作所	139,597	68,686	1,440	71.8	2
204	9793	ダイセキ	33,046	67,156	1,571	78.4	2
205	6794	フォスター電機	64,888	66,792	2,412	61.2	3
206	7483	ドウシシャ	15,554	66,594	1,779	75.5	3
207	2908	フジッコ	14,087	64,972	2,170	82.4	3
208	9945	プレナス	34,336	64,784	1,692	69.7	2
209	8068	菱洋エレクトロ	13,967	62,946	2,566	81.1	1

第8講　銘柄選別の手法

No.	Code	銘柄名	1日平均の売買高（万円）	純資産簿価50,000百万円以上	BPS1,000円以上	自己資本比率60%以上	決算月
210	5541	大平洋金属	74,630	62,616	3,199	88.7	3
211	1968	太平電業	23,545	62,199	3,290	64.9	3
212	5310	東洋炭素	24,129	61,789	2,958	84.5	12
213	6999	KOA	40,489	60,895	1,658	78.1	3
214	9672	東京都競馬	34,725	60,048	2,102	70.2	12
215	6140	旭ダイヤモンド工業	39,616	59,708	1,049	78.2	3
216	6282	オイレス工業	15,271	58,839	1,851	78.9	3
217	1926	ライト工業	29,001	58,785	1,118	62.7	3
218	8155	三益半導体工業	35,877	57,872	1,801	62.8	5
219	5959	岡部	12,771	55,881	1,121	62.6	12
220	4968	荒川化学工業	13,773	55,696	2,622	60.4	3
221	4839	WOWOW	12,938	54,994	2,038	63.2	3
222	8008	ヨンドシーHD	25,218	53,669	2,086	79.9	2
223	7433	伯東	12,074	53,583	2,568	62.8	3
224	9039	サカイ引越センター	30,484	53,581	2,564	67.4	3
225	5208	有沢製作所	24,276	52,492	1,378	68.3	3
226	7476	アズワン	15,354	52,467	2,811	66.7	3
227	6961	エンプラス	32,089	52,258	4,062	90.8	3
228	6929	日本セラミック	33,575	51,246	1,883	89.1	12
229	2053	中部飼料	12,100	50,891	1,658	63.0	3
230	6839	船井電機	16,766	50,717	1,486	63.2	3
231	4368	扶桑化学工業	43,824	50,146	1,412	77.6	3

＊1日平均の売買高は2017年1月1日～2017年12月31日の1年間で計測。
＊純資産簿価が100,000百万円以下の企業は、「1日平均の売買高」が記載してあり、1日平均の売買高が1億円未満の企業は対象外とする。
＊表8−2の配列は純資産簿価の降べき順。
＊HD＝ﾎｰﾙﾃﾞｨﾝｸﾞｽ

　この選別は2018年7月時点におけるものです。四半期決算が公表されるごとにデータは更新されていきますので、対象企業は厳密には四半期ごとに少しずつ変わるのですが、大ざっぱにいえば、ひとたび対象企業を選別したら、1年か2年はそれに準拠していけばいいと思います。
　では第9講で、長期投資の手法について解説していきます。長期投資の手法

は，主に安定的に高い配当を受け取ることを目的とした投資法です。定年までに投資資金総額を数千万円から2億円くらいの規模にしておくことができれば，受取配当が年金代わりになります。もちろん，年金そのものも受け取れば，老後の収入が「受取配当 ＋ 年金」となり，豊かな老後を期待することができます。

第9講　年金代わりの長期投資の手法

　これまでの私の著作においても，この配当重視型の長期投資の考え方についてはすでに論じてきています。この第9講の記述は，拙著「現役会計学教授が実践している　堅実で科学的な株式投資法」(PHP研究所刊) の第4章において「パッシブ投資」として解説した内容を加筆修正したものです。

　長期投資というのは，株式投資の王道をいくものであり，また，初心者にも適している上に，初心者の対極をなす奥義を究めた投資家にも向いていると思います。また，いわゆる「老後のための」株式投資としても有意義なものであると考えています。

　ここでは，2018年7月の時点における最新の情報や考え方を加えて，長期投資についてまとめておきたいと思います。

第1節　基　本　編

［1］　インカムゲインとキャピタルゲインの両取り

　ここで解説する長期投資は，基本的に配当重視型の投資です。ですから，受取配当（インカムゲイン）を中心に据えて投資するのですが，インカムゲインだけではなく，売買益（キャピタルゲイン）も考慮に入れて，それらの両取りを狙います。

　すなわち，原則的には配当の受取（インカムゲイン）を中心的な目的として投資するので，長期的な投資スタンスを採ることになるのですが，ずっといつまでも保有し続けるだけではなく，一定の高値になった時には売却して，売買益（キャピタルゲイン）も実現させます。

　本講の第2節に詳しく書きますが，目標の配当利回りは，税込で「3％～5％」です。3％～5％の配当を受け取りながら，比較的長期で株式を保有し，

目標配当利回りのおよそ10倍，すなわちおよそ「30％～50％」のキャピタルゲインを得られるようになったら一旦売却して，キャピタルゲインも実現させます。

銘柄によっても異なり，長いものでは4年くらいの周期で安値と高値を往復するものもありますが，多くの場合，安値と高値を往復する周期は2年間ぐらいです。ですから期待利回りは，2年間で計算すると，

「3％～5％」×1年＋「30％～50％」＝「33％～55％」

となります。ここでは「保有期間」を1年，「非保有期間」を1年として計算してあり，配当利回りの「3％～5％」は保有期間である1年分だけで計算してあります。（「3％～5％」の配当を受け取れるのは，保有期間である1年分だけだからです。）

これを複利も加味して年率で換算すると，年率の利回りはおよそ15％～25％となります。税引き後で12％～20％です。この利回りは「売ってから次に買うまでの非保有期間」も含めた利回りです。保有期間だけの利回りにしてしまえば，1年で33％～55％ということになります。

インカムゲインとキャピタルゲインの両取りを狙うことで，インカムゲインだけでは期待できない大きな利回りを期待することができるというわけです。

［2］ 初心者向きであり，かつ奥義を究めた投資家にも向いている

ここで解説する長期投資の手法は，比較的簡単な理論によって構築されており，手間もあまりかからないので初心者向きでもあります。初心者の方は投資総額も少ないのが一般的なので，配当額はお小遣いみたいな金額にしかなりませんが，初心者のうちから年率の利回りが（税込ですが）15％～25％も達成できれば素晴らしいことです。

そしてこの投資法は，奥義を究めた投資家にも向いています。「奥義を究めた」というよりも「老後を迎えたベテラン」の投資家向き，といった方が正確

かもしれません。

「老後を迎えたベテラン」の投資家は，頻繁に売買することを嫌う傾向がありますし，安定的に配当を受け取って，年金の足しにしたいというニーズもあります。そういった投資家にも向いている投資法です。

ただし，いわゆる「退職金，投資家デビュー」というのは，あまりオススメできません。定年退職をして退職金をもらうまで株式投資の経験がほとんどないのに，退職金としてまとまったお金を受け取ってすぐに，投資家デビューをして大金を注ぎ込むのは賢明な投資家のすることではありません。各自の経験値に合わせて，投資する金額を決めるべきでしょう。

［3］ 本書で解説する長期投資の留意点

高配当利回りを根拠として買っていく長期投資は割安株投資の変則形のような投資法であり，長期投資でもあるため投資としての安全性も高いのですが，反面で，留意しなければならない点もあります。それは，「配当額が減額になったら，一旦仕切り直さなければならない」ということです。

なにしろ，本書で解説する長期投資は高配当利回りを根拠とする投資法なので，配当額（注目するのは「予想値ベース」の配当額）が減額になった場合には，原則的に売却して，減額後の配当額を基準にして配当利回りが一定の高さになる株価（すなわち，次の安値の株価）まで下がるのを待ってから買い直すことになります。

第2節　売買の手法　〜長期投資の基本的な考え方〜

［1］　長期投資の前提

本書で解説する長期投資は，基本的に配当重視型の投資です。ですから，投資を検討するにあたって重要になるのは以下の点です。もちろん，投資対象企業群は，本書第2部の第8講で述べた国際優良企業と財務優良企業に限定します。

(1)　長期間，安定的に配当を支払ってきている企業に限る

(2) 配当利回りを基準として買い値を決定する

(3) 老後には，まとまった株数を売買することになるので，出来高も重要な要素になる

これらの3点について，少しだけ付言しておきましょう。

(1) 長期間，安定的に配当を支払ってきている企業に限る

　過去の配当支払実績を調べることから始めます。できれば20年前（初版の時点から遡れば1998年12月期か1999年3月期）くらいまで遡って調べられれば理想的です。そのくらい長期間にわたって配当の支払実績が良好であることが必要です。「配当の支払実績が良好」というのは，増配はあっても減配したことがないのが理想ですが，リーマンショック直後の時期（2008年12月期～2010年3月期）は例外として，減配していてもしかたがないと考えます。

(2) 配当利回りを基準として買い値を決定する

　配当利回りは，原則として予想値ベースの配当額を基礎として計算します。（予想値ベースの配当額が公表されていない場合は，やむを得ないので直近の本決算における確定値ベースの配当額を用います。）

　目標とする配当利回りは，「3％～5％」です。

　一般論として，優良企業の配当利回りは，3％であれば良好であり，6％というのは異常に高い水準であることが知られていますので，目標の配当利回りを「3％～5％」としたのです。

　2018年7月31日現在，日経平均株価が22,500円を少し上回っており，この時点での日経平均採用銘柄の配当利回りが（予想値ベースで）およそ1.90％ですから，それのおよそ1.5倍～2.5倍を目標としているといったかんじです。

(3) 老後には，まとまった株数を売買することになるので，出来高も重要な要素になる

　老後というのを，本書では「70歳以降」と定義します。老後における運用

資産総額の理想は「2億円」です。巨額すぎると思われる方もいらっしゃるかと思いますが，理想は高く持った方がよいので，ここではあえて2億円としました。また，現時点で50歳未満の方であれば，70歳というのは20年以上先のことですから，このくらい目標を高くしても充分に実現可能だと思います。

そして，投資対象は4～5銘柄くらいに分散しておくのがよいでしょう。そうすると，1銘柄あたりの投資額は4,000～5,000万円となります。1株の株価を概ね2,000円とすると，株数は「2万～2万5千株」となります。

高配当利回りとなる安値を狙って株を買う場合，何回にも分けて丹念に買い下がっていくことが多いですから，買う場合には意外と出来高のことは心配しなくてもいいことが多いのですが，問題は売る時です。

売る場合には，目標の高値圏になったら，比較的まとまった株数を売りに出さないとうまく売ることができないことが多いのです。たとえば「2万株」を売る場合，できれば一気に売りたいのですが，一気に売ると株価が下がってしまうことが懸念される場合には，「1万株ずつ2日に分けて売る」ことも視野に入れることになります。1日に1万株をうまく売ろうと思った場合には，その銘柄の1日の出来高は少なくとも5万株は欲しいところです。

ですから，「1日の出来高が5万株以上」というのが，銘柄選別の基準のひとつになります。

［2］ 安定高配当銘柄の選別基準

以下の4つの基準で銘柄の選別をします。
(1) EPSが安定的（リーマンショック直後の2009年と2010年を除く）
(2) 安定株主率が高く，安値における配当利回りが概ね3％以上
(3) 配当額が高額（1株当たり30円以上）で，配当額のブレが少ない
(4) 1日の出来高の平均値が概ね50,000株以上（国際優良企業については，この出来高基準の代わりに，「配当性向が20％以上のもの」とします。）

「EPS」というのは 'Earnings Per Share' の略で，「1株当たり純利益」を意味します。

第2部　会計情報に基づく株式投資の必勝法

　国際優良企業については，1日の出来高の平均値を求めるまでもなく，充分な出来高があるので，(4)の出来高基準は採択せず，その代わりに「配当性向が20％以上のもの」を選別基準にしました。

　配当額の推移が安定している国際優良企業を26社まで絞り込んだものが表9－1です。また，財務優良企業を9社まで絞り込んだものが表9－2です（表9－1と表9－2には，安値における配当利回りが3％未満のものも含まれています）。

表9－1　安定配当企業群（国際優良企業版）

No.	Code	銘柄名	決算月	今期予想配当(注1)	平均配当性向	安定株主比率(注2) 34%以上	配当安定度ポイント	2017年来安値(A)	配当利回り(注3)	(A)以後の高値	上昇率	配当利回りに基づく目標株価	目標配当利回り	ナンピン買い	目標配当利回りは3.0%以上
1	4568	第一三共	3	70	77%	31.8%	87	2,284	3.1%	4,423	94%	2,300	3.0%	2,000	2018年7月現在，高値圏
2	4523	エーザイ	3	70 / 80	96%	37.0%	87	5,402	2.8%	10,950	103%	－	－	－	配当利回りが低い
3	4502	武田薬品工業	3	180	82%	27.6%	86	4,203	4.3%	4,678	11%	4,390	4.1%	3,950	本書における分析対象。シャイアーの買収がらみで株価下落
4	7741	HOYA	3	30 / 45	47%	28.9%	85	4,552	1.6%	6,648	46%	－	－	－	確定値(75円)の配当利回りが低い 2018年7月現在，高値圏
5	6971	京セラ	3	120	30%	36.2%	83	5,613	2.1%	7,028	25%	－	－	－	配当利回りが低い
6	2802	味の素	3	32	36%	35.6%	72	1,853	1.7%	2,188	18%	－	－	－	配当利回りが低い
7	4063	信越化学工業	3	65 / 75	33%	34.1%	71	9,174	1.5%	13,175	44%	－	－	－	配当利回りが低い
8	7751	キヤノン	12	75 / 85	57%	38.4%	69	3,218	5.0%	4,472	39%	3,636	4.4%	3,200	本書における分析対象
9	3402	東レ	3	16	32%	28.3%	67	846	1.9%	877	4%	－	－	－	配当利回りが低い
10	4452	花王	12	120	50%	27.5%	65	5,255	2.3%	8,710	66%	－	－	－	配当利回りが低い 2018年7月現在，高値圏
11	3407	旭化成	3	34	30%	26.1%	60	1,001	3.4%	1,572	57%	1,000	3.4%	650	2018年7月現在，高値圏
12	6981	村田製作所	3	280	33%	36.9%	58	13,680	2.0%	20,115	47%	－	－	－	配当利回りが低い
13	4901	富士フイルムHD	3	80	33%	33.9%	56	3,932	2.0%	4,838	23%	－	－	－	配当利回りが低い
14	6594	日本電産	3	100	28%	38.4%	54	9,713	1.0%	18,525	91%	－	－	－	配当利回りが低い 2018年7月現在，高値圏
15	6988	日東電工	3	180	32%	34.7%	54	7,473	2.4%	9,154	22%	－	－	－	配当利回りが低い
16	7267	本田技研工業	3	108	29%	30.7%	53	3,000	3.6%	4,151	38%	3,375	3.2%	3,037	本書における分析対象
17	4911	資生堂	12	30	77%	31.3%	52	2,825	1.1%	9,250	227%	－	－	－	配当利回りが低い 2018年7月現在，高値圏

第9講　年金代わりの長期投資の手法

No.	Code	銘柄名	決算月	今期予想配当(注1)	出来高	安定株主比率(注2)	配当安定度ポイント	2017年初来安値(A)(注3)	配当利回り(注3)	(A)以後の高値	上昇率	配当利回りに基づく目標株価	目標配当利回り	ナンピン買い	目標配当利回りは3.0%以上
18	5802	住友電気工業	3	48	26%	25.5%	52	1,547	3.1%	1,822	18%	1,550	3.1%	1,200	2018年7月現在，高値圏
19	8113	ユニ・チャーム	12	24	20%	48.2%	46	2,436	1.0%	3,527	45%	-	-	-	配当利回りが低い2018年7月現在，高値圏
20	6301	小松製作所	3	96	30%	28.2%	40	2,610	3.7%	4,475	71%	3,000	3.2%	2,700	本書における分析対象
21	5713	住友金属鉱山	3	51 / 52	21%	26.0%	40	2,613	3.9%	5,562	113%	3,000	3.4%	2,700	2018年7月現在，高値圏
22	6326	クボタ	12	15 / 17	28%	37.1%	36	1,606	2.0%	2,368	47%	-	-	-	配当利回りが低い
23	7203	トヨタ自動車	3	100/120	35%	46.6%	34	5,670	3.9%	7,806	38%	5,700	3.9%	5,000	配当利回りは2017年度の確定値(220円)に基づく。2018年7月現在，高値圏
24	6902	デンソー	3	130	31%	56.6%	32	4,551	2.9%	7,218	59%	4,330	3.0%	3,900	2018年7月現在，高値圏
25	6367	ダイキン工業	3	130	24%	26.8%	31	10,385	1.3%	14,275	37%	-	-	-	配当利回りが低い2018年7月現在，高値圏
26	4503	アステラス製薬	3	38	48%	30.6%	30	1,331	2.9%	1,786	34%	1,260	3.0%	1,150	2018年7月現在，高値圏
					平均	34.0%	58		2.6%		55%		3.5%		

注1：今期予想配当額は年額であり，たとえば「20／25」という表記は，上半期の配当額が20円で下半期の配当額が25円であることを示す。
注2：安定株主比率は，大株主10位以内に占める「経営者一族・親会社・金融機関・保険会社・ファンドトラスト・持株会」の割合。
注3：この配当利回りは2017年初来安値(A)に基づいて算出したものである。なお，予想配当額が公表されていない場合は，直近期の確定値を採用している。

表9－2　安定配当企業群（財務優良企業版）

No.	Code	銘柄名	決算月	今期予想配当(注1)	出来高 5万株以上	安定株主比率(注2) 40%以上	配当安定度ポイント	2017年初来安値(A)	配当利回り(注3)	(A)以後の高値	上昇率	配当利回りに基づく目標株価	目標配当利回り	ナンピン買い	目標配当利回りは3.0%以上
1	8130	サンゲツ	3	56	180,800	35.9%	84	1,858	3.0%	2,336	26%	1,850	3.0%	1,450	2018年7月現在，高値圏
2	6417	ＳＡＮＫＹＯ	3	150	307,700	54.7%	80	3,395	4.4%	4,505	33%	3,500	4.3%	3,300	2018年7月現在，高値圏
3	6222	島精機製作所	3	35 / 45	155,900	33.1%	70	3,590	2.2%	8,190	128%	-	-	-	配当利回りが低い2018年7月現在，高値圏
4	6737	EIZO	3	100	66,900	25.4%	68	3,075	3.3%	6,040	96%	3,100	3.2%	2,600	2018年7月現在，高値圏
5	8068	菱洋エレクトロ	1	60	69,800	42.9%	68	1,414	4.2%	2,192	55%	1,500	4.0%	1,200	2018年7月現在，高値圏
6	5463	丸一鋼管	3	25 / 46.5	311,100	41.8%	58	3,035	2.4%	4,050	33%	-	-	-	配当利回りが低い
7	6592	マブチモーター	12	52 / 80	429,800	26.8%	51	4,980	2.7%	5,350	7%	4,400	3.0%	4,000	2018年7月現在，高値圏
8	7483	ドウシシャ	3	50	82,700	57.3%	42	2,000	2.5%	2,748	37%	-	-	-	配当利回りが低い
9	9830	トラスコ中山	3	16.5 / 18	75,900	48.0%	37	2,396	1.4%	3,480	45%	-	-	-	配当利回りが低い
					平均	40.7%	62		2.9%		51%		3.5%		

139

第2部　会計情報に基づく株式投資の必勝法

注1：今期予想配当額は年額であり，たとえば「20／25」という表記は，上半期の配当額が20円で下半期の配当額が25円であることを示す。なお，予想配当額が公表されていない場合は，直近期の確定値を採用している。
注2：安定株主比率は，大株主10位以内に占める「経営者一族・親会社・金融機関・保険会社・ファンドトラスト・持株会」の割合。
注3：この配当利回りは2017年初来安値(A)に基づいて算出したものである。

　なお，表9－1と表9－2は「配当安定度ポイント」順に配列してあります。「配当安定度ポイント」とは，配当額のブレ具合を客観的な数値で測定したものですが，詳しい説明はここでは割愛します。

　これらの（26社＋9社＝）35社のうち，目標配当利回りが3.0％以上のものは16社です。これらのうちで株価チャートを概観して，向こう半年以内に「配当利回りに基づく目標株価」になりそうな銘柄はどれかという視点でみていき，2018年7月31日時点（最初にこの原稿を執筆した時点）の株価が「配当利回りに基づく目標株価」の1.2倍以内にあるものは4社です。それらの4社（小松製作所・本田技研工業・武田薬品工業・キヤノン）を目標配当利回りが低い順に並べたのが表9－3です。

表9－3　2018年7月31日の時点で投資対象として有望な安定配当企業群

	類別	Code	銘柄名	決算月	今期予想配当	配当安定度ポイント	2017年初来安値	配当利回り	配当利回りに基づく目標株価	目標配当利回り	株価（注1）	実際配当利回り	配当利回りに基づく目標株価との乖離率	ナンピン買い
1	国際	6301	小松製作所	3	96	40	2,610	3.68%	3,000	3.20%	3,277	2.93%	6%	2,700
2	国際	7267	本田技研工業	3	108	53	3,000	3.60%	3,375	3.20%	3,355	3.22%	-1%	3,037
3	国際	4502	武田薬品工業	3	180	86	4,203	4.10%	4,390	4.10%	4,675	3.85%	4%	3,950
4	国際	7751	キヤノン	12	160	69	3,218	4.97%	3,636	4.40%	3,617	4.42%	-1%	3,200

注1：株価は2018年7月31日の終値。

　この表9－3で特に重要なのは，表の真ん中辺りの列にある「配当利回りに基づく目標株価（太文字）」と表の一番右の列にある「ナンピン買い」の株価（太文字）です。当面はこれらの株価になったら，「安定高配当企業が高配当利回りになっている」と考えて，買いを検討してもよいというわけです。

　配当利回りに基づく目標株価とナンピン買いの株価の決定方法については，本講の第3節で具体例を用いながら解説します。

[3] 買い値と売り値の決定

(1) 買い値の決定

　本書で解説する長期投資における買い値は、配当利回りで決定します。買い値の配当利回りを何％とするのかは、銘柄によって異なります。詳しくは第3節で説明しますが、基本的には、各銘柄の配当利回りを過去10年〜20年分調査して、「配当利回りの点からみた安値圏」を割り出し、それを買い値とします。目標配当利回りの大枠のメドは「3.0％以上」とします。

　なお、ナンピン買いの株価は、過去の安値の株価を参照して、「最低の株価まで下がるとしたらこの辺りまで下がるかもしれない」というメドを基準として決定します。

(2) 売り値の決定

　本書で解説する長期投資においては、売り値も配当利回りで決定します。

　(1)に述べたように、買い値を決定するための配当利回りは銘柄によって異なるのですが、売り値もこの「買い値を決定するための配当利回り」に依拠して決定します。

　たとえば買い値を決定するための配当利回りが「3％」だとします。その場合、売り値はこの利回り（「3％」）の10倍をメドとします。すなわち、上昇率が（3％の10倍の）「30％」になったら売りを検討します。税込みで年率「3％」の配当を期待して買ったので、その10倍のキャピタルゲインが得られる水準まで株価が上がったら、「10年分の配当を先取りできるようなものなので、一旦売るのが良いだろう」というのが売却の根拠です。また、過去の事例分析の結果からも、この「10倍基準」が妥当であることがわかっています。

　そして、注意しなければならないのは、（たとえば期待配当利回りが「3％」の場合、）どこから「30％」上がったら売るのかという「上昇率の計算の起点」についてです。これについては、自分が買った株価から計算しがちですが、そうではなく「結果的な最安値」を起点として計算します。

第2部　会計情報に基づく株式投資の必勝法

たとえば買い値を決定するための配当利回りが「3％」で，配当額が30円だとします。その場合，買い値の目標株価は（30円÷3％＝）1,000円になります。株価が1,000円になったら買うわけですが，その後，株価が下がって，結果的には900円が最安値だったとします。この場合，売り値は，「結果的に最安値となった900円」から「30％」上がったところ（900円×1.3＝1,170円）です。自分の買い値の1,000円の1.3倍（1,300円）ではないことに注意が必要です。

　この買い値と売り値の決定については，具体的な事例を見ながら説明した方がわかりやすいので，さっそく個別銘柄の分析を行っていき，そこで買いと売りの意思決定についても論じていきます。

第3節　具　体　例

　この節では個別銘柄として
［1］小松製作所（6301）
［2］本田技研工業（7267）
［3］武田薬品工業（4502）
［4］キヤノン（7751）
の4銘柄を取り扱い，いずれも安定高配当銘柄という視点から分析します。

［1］　小松製作所（6301）

　まず，小松製作所に関する過去20年間分の配当関連データを表9－4にまとめました。

表9－4　小松製作所の配当関連データ

年度	1998年3月期	1999年3月期	2000年3月期	2001年3月期	2002年3月期	2003年3月期	2004年3月期	2005年3月期	2006年3月期	2007年3月期
配当額（通年）	8	7	6	6	6	5	7	11	18	31
増減配額	0	-1	-1	0	0	-1	2	4	7	22
会計年度中の最安値	486	505	444	465	355	351	408	583	715	1,857
同上の配当利回り	1.6%	1.4%	1.4%	1.3%	1.7%	1.4%	1.7%	1.9%	2.5%	1.7%

第9講　年金代わりの長期投資の手法

表9－4の続き

年度	2008年3月期	2009年3月期	2010年3月期	2011年3月期	2012年3月期	2013年3月期	2014年3月期	2015年3月期	2016年3月期	2017年3月期	2018年3月期	2019年3月期<予>
配当額（通年）	42	40	16	38	42	48	58	58	58	58	84	96
増減配額	11	-2	-24	22	4	6	10	0	0	0	26	12
会計年度中の最安値	2,175	702	1,066	1,571	1,449	1,439	1,958	2,046	1,557	1,661	2,627	3,037
同上の配当利回り	1.9%	5.7%	1.5%	2.4%	2.9%	3.34%	2.96%	2.8%	3.73%	3.49%	3.20%	3.16%
目標配当利回り												3.20%

※配当利回りが3.2%以上に色がけしてあります。

　ざっと一覧していただくとおわかりのように，この企業は過去15年間において，リーマンショック期（2009年3月期と2010年3月期）の2年間以外は減配をしていません。ですから，安定配当企業であると考えていいでしょう。

　このように，長期投資の対象となる企業の原則的な条件は，「過去15年間において，リーマンショック期（2009年3月期と2010年3月期）の2年間以外は減配をしていない」というものです。できれば「過去20年間以上にわたって，リーマンショック期の2年間以外は減配をしていない」というのが望ましいのですが，この企業のように15年以上前に1円の減配をしているというのは許容範囲に入るものとします。

　そして，会計年度中の最安値で計算した配当利回りを見てみると，2010年3月期までは（リーマンショック期の株価暴落による異常値の5.7%を除くと）ずっと2%以下でしたが，2011年3月期以降の8年間は，概ね良好な配当利回りを実現しています。

　アベノミクス以降（2013年3月期以降）の配当利回りは「2.8%～3.7%」であることが見てとれます。目標配当利回りとしては「2.8%や3.0%」はやや低いですし，2018年3月期と2019年3月期＜予＞に「3.2%」の配当利回りが実現していますので，今後の目標配当利回りは「3.2%」とします。

　このようにして，表9－4のような配当関連データの一覧表を作成し，それを概観にすることによって，「買い値を決定するための配当利回り」と買い値の目標株価を見つけることができます。このような配当関連データを揃えるにはけっこう手間がかかりますが，一度やってしまえばずっと使えるので，手間を惜しまずにきちんと調べましょう。

全ての企業とはいきませんが，多くの企業が各企業のＨＰで過去10年分は決算短信を公表していますので，それを見て，配当関連の財務データを収集すればいいのです。

　小松製作所に関しては，大きな業績の変化や配当の減額がない限り，今後の目標配当利回りは3.2％とするのが適切でしょう。

　小松製作所の場合には，目標配当利回りが3.2％であるというのは，上述のように，2018年3月期と2019年3月期＜予＞の実績に基づいて決定しました。ですから，2013年3月期の時点では目標配当利回りが3.2％であるというのはわからないわけなので，「たら・れば」の話になってしまいますが，「目標配当利回りを3.2％」として，この銘柄について2013年3月期の開始する2012年4月以降の株価データを基に投資シミュレーションをしてみます。そうすることで，今後の行動指針が得られます。

(1) 2012年から2018年の間の投資シミュレーション

　小松製作所のホームページでは，2018年7月時点において入手可能な一番古い決算短信は2013年3月期の第1四半期決算（2012年7月31日公表）なので，そこから分析を始めます。

① 2012年

　2012年7月31日に，年間の配当予想額が48円と公表されました。48円を3.2％で割り返しますと，「1,500円」という買いの目標株価が得られます。2012年9月5日に1,500円を割り込みますので，ここで買うことになります。

　そして2012年9月30日に，半期分の配当（1株当たり24円）を受け取る権利を得ます。

　その後，同年の10月10日に1,439円を付け，それが底値になります。底値が確定すれば，それを基にして売り値の目標株価を算出することができるようになります。この企業の場合，目標配当利回りが3.2％でしたから，売り値の目標株価は，底値から（3.2％ × 10 =）32％上昇した株価である「1,899円」に

なります。

　同年の12月6日に1,899円が付きますので、そこで売ります。配当利回り3.2％を根拠に買い始めたのですが、結果的には配当は（2012年9月30日に）半期分を受け取るだけで、買ってから3ヶ月後（の2012年12月6日）に26.6％のキャピタルゲイン（売却益）を得て売ることになります。半期分のインカムゲイン（受取配当）の1.6％と26.6％のキャピタルゲイン（合計で28.2％の利回り）を3ヶ月で得られましたので、かなりうまくいったことになります。

② 2013年と2014年

　2013年4月25日に2013年3月期の本決算が発表され、2014年3月期の予想配当額が年額で58円と発表されました。58円を3.2％で割り返しますと「1,813円」になります。

　予想配当額が年額で58円というのは2018年3月期の第2四半期決算短信が発表される前日の2017年10月26日までは変わりませんので、それまでは買いの目標株価は「1,813円」です。（2018年3月期の第2四半期決済で84円に増配が発表されます。）

　1,813円を付けるのは2015年の9月下旬ですから、それまでは投資チャンスはありません。2012年12月6日に売ってからは、③で述べるように、次の買いとなる2015年9月24日まで2年と9ヶ月半も間が空きます。このように、長期投資というのは、投資期間が長期になるだけでなく、次の投資チャンスまで「待つ期間も長期になる」ということがわかっています。気長に安値になる（＝配当利回りが高くなる）のを待ちます。「待つのも相場」という相場格言がありますが、そのとおりです。

　なお、受取配当を年金代わりにと考える場合、株を保有していない期間は、①で獲得したキャピタルゲインを原資にして半年ごとに配当相当額を株の口座から引き出します。これを「疑似配当」と名付けます。

　この場合、それぞれ次の金額を引き出します。配当額に（1－0.2）をかけるのは、税引き後の概算額にするためです。（2013年12月31日までは配当に対する

税率は10％でしたが，本書では配当に対する税率を20％で統一して考えていきます。）
・2013年3月末日，24円×（1−0.2）×①で保有していた株数
・2013年9月末日，29円×（1−0.2）×①で保有していた株数
・2014年3月末日，29円×（1−0.2）×①で保有していた株数
・2014年9月末日，29円×（1−0.2）×①で保有していた株数
・2015年3月末日，29円×（1−0.2）×①で保有していた株数

　インカムゲインで考えれば，向こうおよそ10年分のキャピタルゲインを①で獲得していますので，これだけ引き出してもまだまだ充分余裕があります。

③　2015年〜2016年

　2015年9月24日に1,813円が付きますので，そこで買います。この時点で，2013年4月25日に予想配当額が年額で58円と発表されてからおよそ2年半が経過しているので，買う前には配当額や業績に大きな変動がないかどうかを確認します。配当額に変化はなく，業績も大きく落ち込んでいるわけではないので，1,813円で買うこととします。

　そして2015年9月30日に，半期分の29円の配当を受け取る権利が確定します。

　なお，ナンピン買いについては，株価チャートを見ながら買い値を決めることになりますが，メドとしては「最初の買い値から10％下がった水準」と「最初の買い値から20％下がった水準」で同株数ずつ買うことを想定します。この事例では，最初の買い値（1,813円）から10％下がった水準は1,631円ですので，1,631円で最初のナンピン買いをすることとしておきます。

　また，最初の買い値（1,813円）から20％下がった水準は1,450円です。株価チャートを見ますと，2011年の10月と2012年の10月に1,450円を少し割り込んで底値を付けているので，この水準（1,450円前後）を2回目のナンピン買いの水準としておきます。

　その後，2016年2月10日に1,629円の安値が付きますので，その日に1,631円で最初のナンピン買いをします。そして2回目のナンピン買いの水準（1,450

円前後）までは下がらずに，2月12日に1,557円で底を打ちます。1,557円の32％上の株価が次の売りの目標株価になります。(1,557円 × 1.32 =)2,055円です。

そして2016年3月31日に，半期分の29円の配当を受け取る権利が確定します。

2016年7月20日に2,055円が付きますから，そこで売ります。1,813円と1,631円で買っていますので，買いの平均単価は1,722円です。それを2,055円で売りますから，19.3％のキャピタルゲインを得ます。半期の配当2回分のインカムゲイン（3.2％）と合わせて22.5％の利回りです。最初に買ったのが2015年9月24日で売ったのが2016年7月20日ですから，所要期間は10ヶ月弱です。

④ 2017年

2017年10月27日に2018年3月期の第2四半期決算短信が公表され，予想配当額が年額で72円と発表されました。72円を3.2％で割り返しますと「2,250円」になります。この時点における株価は3,500円を大きく超えていますので，当面は買いを見送ります。

⑤ 2018年

2018年4月26日に2018年3月期の本決算の決算短信が公表され，2018年3月期の配当額が84円，2019年3月期の予想配当額が年額で96円と発表されました。96円を3.2％で割り返しますと，次の買いの目標株価は「3,000円」になります。この時点における株価は3,400円を大きく超えていますので，当面は買いを見送りますが，その後，株価が比較的大きな調整局面を迎え，8月15日に3,000円を割りました。ですから，8月15日に3,000円で買います。

なお，ナンピン買いの株価を「最初の買い値から10％下がった株価」である「2,700円」とします。

(2) 投資シミュレーションのサマリー

＜2012年　──　1回転目＞

2012年9月5日，1,500円で買い。

2012年9月30日，半期分の配当の受け取り確定。

売りの目標株価は1,899円。

2012年12月6日，1,899円で売り。

買ってから3ヶ月後に合計で28.2％の利回りを実現。

＜2013年と2014年 ── 待機＞

前回の売却時（2012年12月6日）～次の買い（2015年9月24日）まで2年9ヶ月半も間が空く。

長期投資というのは，投資期間が長期になるだけでなく，次の投資チャンスまで「待つ期間も長期になる」。「待つのも相場」の相場格言どおり。

受取配当を年金代わりにと考える場合，株を保有していない期間は，すでに獲得したキャピタルゲインを原資にして半年ごとに配当相当額を株の口座から引き出す。これを「疑似配当」と名付ける。

＜2015年～2016年 ── 2回転目＞

2015年9月24日，1,813円で買い。

2015年9月30日，半期分の配当の受け取り確定。

ナンピン買いについては，株価チャートを見ながら買い値を決めることになる。メドとしては「最初の買い値から10％下がった水準」と「最初の買い値から20％下がった水準」。

2016年2月10日，1,631円で最初のナンピン買い。（2回目のナンピン買いは無し。）

売りの目標株価は2,055円。

2016年3月31日に，半期分の配当の受け取り確定。

2016年7月20日，2,055円で売り。

インカムゲインと合わせて22.5％の利回り。所要期間は10ヶ月弱。

＜2017年 ── 待機＞

＜2018年 ── 3回転目の買い＞

2018年8月15日，3,000円で買い。2,700円になったらナンピン買いをする。

［２］ 本田技研工業（7267）

まず，本田技研工業に関する過去 20 年間分の配当関連データを表 9－5 にまとめました。

表9－5　本田技研工業の配当関連データ

年度	1998年3月期	1999年3月期	2000年3月期	2001年3月期	2002年3月期	2003年3月期	2004年3月期	2005年3月期	2006年3月期	2007年3月期
配当額（通年）	18	22	23	23	28	32	42	65	100	67
増減配額	3	4	1	0	5	4	10	23	35	17
会計年度中の最安値	3,070	2,870	3,380	3,380	3,090	3,840	3,570	4,370	5,020	3,270
同上の配当利回り	0.6%	0.8%	0.7%	0.7%	0.9%	0.8%	1.2%	1.5%	2.0%	2.0%

2006年6月27日に1：2の分割

表9－5の続き

年度	2008年3月期	2009年3月期	2010年3月期	2011年3月期	2012年3月期	2013年3月期	2014年3月期	2015年3月期	2016年3月期	2017年3月期	2018年3月期	2019年3月期〈予〉
配当額（通年）	86	63	38	54	60	76	82	88	88	92	100	108
増減配額	19	-23	-25	16	6	16	6	6	0	4	8	8
会計年度中の最安値	2,610	1,643	2,300	2,470	2,127	2,294	3,350	3,239	2,726	2,417	3,000	3,171
同上の配当利回り	3.30%	3.83%	1.7%	2.2%	2.8%	3.31%	2.4%	2.7%	3.23%	3.81%	3.33%	3.41%

※配当利回りが 3.2％以上に色がけしてあります。　　目標配当利回り 3.20%

ざっと一覧していただくとおわかりのように，この企業は過去 20 年間において，リーマンショック期（2009 年 3 月期と 2010 年 3 月期）の 2 年間以外は減配をしていません。ですから，安定配当企業であると考えていいでしょう。

［１］の小松製作所の最初のところに述べたように，「過去 20 年間において，リーマンショック期（2009 年 3 月期と 2010 年 3 月期）の 2 年間以外は減配をしていない」というのが，本書で解説する長期投資の望ましい条件です。

そして，会計年度中の最安値で計算した配当利回りを見てみると，2007 年 3 月期まではずっと 2％以下でしたが，2008 年 3 月期以降の 10 年間は，やはりリーマンショック期の 2010 年 3 月期を除けば，概ね良好な配当利回りを実現しています。

アベノミクス以降（2013 年 3 月期以降）の目標配当利回りは「3.2％」であると考えます。

目標配当利回りを「3.2％」とする根拠は，次のとおりです。

2016年3月期の配当利回りが「3.2％」で，2013年3月期以降の残りの年度は3.2％以上か，2％台です。2％台の2014年3月期と2015年3月期は配当利回りが低い（＝株価が高い）ので買いを見送ります。2013年3月期・2016年3月期・2017年3月期・2018年3月期は配当利回りが3.23％～3.81％です。配当利回りが3％を超えた水準では買いを検討する価値があるわけですが，2013年3月期・2016年3月期・2017年3月期・2018年3月期のすべての年度で実際に買える水準はどれかといえば「3.2％」であるということになりますので，「3.2％」を目標配当利回としたのです。

そして，2017年3月期のように配当利回りが3.81％まで上がった（すなわち株価が下がった）時には，その少し手前の水準でナンピン買いを入れます。表9－3ではナンピン買いを入れる水準を「3,037円」としました。

(1) 2012年から2018年の間の投資シミュレーション

ここでは2012年6月から始めて，2018年7月まで時系列順に説明していきます。

① 2012年

2012年4月下旬に公表された2012年3月期決算で，2013年3月期の予想配当額が年額76円と発表されました。76円を3.2％で割り返すと2,375円となります。2012年6月上旬に2,375円が付きますので，ここで買います。

その後，同年の11月中旬までは何度か2,375円かそれ以下になっていますので，いくらでも買いのチャンスはありました。同年の11月下旬に大きく上昇に転じるまでの間の最安値は2,294円（同年の10月中旬）でした。ですから売りの目標株価は，（2,294円 × 1.32 ＝）3,028円となります。2012年の3月にも3,300円という高値が付いていますので，この3,028円という目標株価は非常に現実的なものです。

そして，2012年の12月中旬に3,028円まで上がりますので，ここで売却します。結果としては，半年間の保有で3.2％のインカムゲインを半年分（2012

年6月末と9月末に権利を取得）と27.5％のキャピタルゲイン（＝3.2％のインカムゲインのおよそ8年半相当分）を得られます。

その後は，アベノミクスが始まったこともあり，この企業の株価は2016年の2月まで高値圏で推移します。2016年2月に株価が下がってくるまでは長期投資としては買うことができない銘柄となるわけですが（3年2ヶ月もの長い間待つことになるわけですが），2012年の12月中旬に「27.5％のキャピタルゲイン」，つまり当初期待したインカムゲイン（3.2％）のおよそ8年半に相当するキャピタルゲインを得ています。ですので，再び長期投資の買い値圏まで株価が下がってくるのを，余裕を持って（「8年くらい待ってもいいぞ！」くらいの気持ちで）じっくりと待てるのです。

また，その間に別の銘柄で長期投資の対象を探すこともできますし，資金をもて余しておくのがもったいないという場合には，のちに解説する短期投資や中期投資に資金をシフトしてもいいでしょう。

② 2016年

2015年11月上旬に公表された2016年3月期第2四半期決算で，配当が年額88円と発表されています。88円を3.2％で割り返すと2,750円となり，これが買いの目標株価になります。2016年2月12日に2,750円が付きますので，ここで買います。

その後，2016年3月に3,209円までは上がるのですが，再び下がってきて2016年7月6日に2,417円まで下がって底を打ちます。

この長期投資に関しては，後に解説する短期投資と同様に「最初の買い値から10％下がったところでナンピン買いをする」ということを原則とします。

ただし，長期投資の場合は，投資対象となる個別銘柄をじっくり検討できるので，ナンピン買いの株価は個別に割り出す方がいいでしょう。ナンピン買いの原則的なメドが，「最初の買い値から10％下がったところ」といったとかんじになります。

というわけで，この時は（2,750円 × 0.9 =）2,475円で，最初に買った株数と

同じ株数で買い増しをします。結果的には最安値圏での買い増しに成功します。なお，買い値の平均単価は 2,613 円になります。

そして，2,417 円が結果的な最安値ですから，これを起点にして 1.32 倍の株価が当面の売りの目標株価になります。(2,417 円 × 1.32 ＝) 3,190 円です。

2016 年 8 月 31 日に 3,190 円が付きますので，そこで売ります。ここでも，半年間の保有で 3.2％のインカムゲインを半年分と 22％のキャピタルゲインを得られます。今回のキャピタルゲインが 32％ではなく 22％になったのは，最安値が低かったために，売り値も低めの設定になったからですが，結果的には売ったすぐ後の 2016 年 9 月 5 日に 3,224 円の高値を付けた後でまた買い値圏まで株価が下がりますので，絶好の売りだったということになります。

その後，2016 年 10 月 31 日に公表された 2017 年 3 月期第 2 四半期決算で，配当が年額 88 円と発表されています。88 円を 3.2％で割り返すと 2,750 円となります。2016 年 11 月 9 日に 2,750 円が付きますので，ここで買います。これはいわゆる「トランプショック」による安値で，この日に 2,693 円まで下がっています。またもや絶好のチャンスをものにできています。(たった 1 日だけの急落でしたから，2,750 円で買うのは難しかったかもしれませんが。)

そして，今回は 2,693 円が結果的な最安値ですから，これを起点にして 1.32 倍の株価が当面の売りの目標株価になります。(2,693 円 × 1.32 ＝) 3,555 円です。

その後，同年の 12 月 15 日に 3,579 円まで上がりますので，3,555 円で売ります。保有期間が短すぎてインカムゲイン（配当）は得られませんが，今回は，たった 5 週間で 29％のキャピタルゲインが得られます。

③ 2017 年

2017 年 4 月 28 日に公表された 2017 年 3 月期本決算で，結局，2017 年 3 月期の配当は年額 92 円になり，2018 年 3 月期の配当の予想額が年間で 96 円と発表されました。96 円を 3.2％で割り返すと 3,000 円となります。2017 年 8 月 18 日に 3,000 円が付きますので，ここで買います。ここでもまたもや絶好のチャンスをものにできています。(この時もたった 1 日しか買い値になっていない上に，

3,000円が結果的な最安値ですから，3,000円で買うのは難しかったかもしれませんが。）

この買いに関する売りの目標株価は，(3,000円 × 1.32 =) 3,960円です。長期投資の考え方では，この3,960円までは保有を継続することになります。

そして，この企業の株価は2018年1月4日に売りの目標株価の3,960円を超えていますので，ここで売ることになります。3.2％のインカムゲインを四半期で2回分（＝半年分）得た後に，32％のキャピタルゲインも獲得できます。

④ 2018年

その後，2018年1月10日に4,151円まで上がり，それが最高値となって，株価は下がっています。

そして，2018年4月27日に公表された2018年3月期の本決算で，2019年3月期の配当の予想額が年間で108円と発表されています。108円を3.2％で割り返すと3,375円となります。2018年6月22日に3,366円で寄り付きますので，ここで買います。

2018年7月4日に3,171円の安値が付きました。これが最安値だとすれば，この買いに関する売りの目標株価は，(3,171円 × 1.32 =) 4,186円です。

また，最初の買い値（3,375円）の10％下の株価は「3,037円」ですので，この株価でナンピン買いをします。

(2) 投資シミュレーションのサマリー

＜2012年 ── 1回転目＞

2012年6月上旬，2,375円で買い。

2012年6月30日，第1四半期分の配当の受け取り確定。

2012年9月30日，第2四半期分の配当の受け取り確定。

売りの目標株価は3,028円。

2012年の12月中旬，3,028円で売り。

約半年間の保有で合計29.1％の利回りを実現。

＜2013年～2015年 ── 待機＞

アベノミクスが始まったこともあり，この企業の株価は 2016 年の 2 月まで高値圏で推移。

2012 年の 12 月中旬に，当初期待したインカムゲイン（3.2％）のおよそ 8 年半に相当するキャピタルゲインを得ているので，再び長期投資の買い値圏まで株価が下がってくるのを余裕を持って，じっくりと待つ。

＜ 2016 年 ── 2 回転目と 3 回転目＞

＊ 2 回転目

2016 年 2 月 12 日，2,750 円で買い。

2016 年 3 月 31 日，第 4 四半期分の配当の受け取り確定。

2016 年 6 月 24 日，2,475 円でナンピン買い。（買い値の平均単価は 2,613 円。）

2016 年 6 月 30 日，第 1 四半期分の配当の受け取り確定。

売りの目標株価は 3,190 円。

2016 年 8 月 31 日，3,190 円で売り。

約半年間の保有で合計 23.6％の利回りを実現。

＊ 3 回転目

2016 年 11 月 9 日，2,750 円で買い。

売りの目標株価は 3,555 円。

2016 年 12 月 15 日，3,555 円で売り。

たった 5 週間で 29％のキャピタルゲインを獲得。

＜ 2017 年～ 2018 年 1 月 4 日 ── 4 回転目＞

2017 年 8 月 18 日，3,000 円で買い。

売りの目標株価は 3,960 円。

2017 年 9 月 30 日，第 2 四半期分の配当の受け取り確定。

2017 年 12 月 31 日，第 3 四半期分の配当の受け取り確定。

2018 年 1 月 4 日，3,960 円で売り。

約 4 ヶ月半の保有で合計 33.6％の利回りを実現。

＜ 2018 年 ── 5 回転目の買い＞

2018 年 6 月 22 日に 3,366 円で寄り付くので，ここで買い。（買いの理論株価は

3,375円。)

2018年6月30日，第1四半期分の配当の受け取り確定。

2018年7月4日に3,171円の安値が付いた。これが最安値だとすれば，この買いに関する売りの目標株価は4,186円。3,037円になったらナンピン買いをする。

［3］ 武田薬品工業（4502）

まず，武田薬品工業に関する過去20年間分の配当関連データを表9－6にまとめました。

表9－6　武田薬品工業の配当関連データ

年度	1998年3月期	1999年3月期	2000年3月期	2001年3月期	2002年3月期	2003年3月期	2004年3月期	2005年3月期	2006年3月期	2007年3月期
配当額(通年)	21.2	29	32	50	60	65	77	88	106	128
増減配額	4	7.8	3	18	10	5	12	11	18	75
会計年度中の最安値	2,520	3,030	4,360	5,420	4,560	4,230	3,750	4,290	4,950	6,370
同上の配当利回り	0.8%	1.0%	0.7%	0.9%	1.3%	1.5%	2.1%	2.1%	2.1%	2.0%

表9－6の続き

年度	2008年3月期	2009年3月期	2010年3月期	2011年3月期	2012年3月期	2013年3月期	2014年3月期	2015年3月期	2016年3月期	2017年3月期	2018年3月期	2019年3月期<予>
配当額(通年)	168	180	180	180	180	180	180	180	180	180	180	180
増減配額	40	12	0	0	0	0	0	0	0	0	0	0
会計年度中の最安値	4,850	3,130	3,400	3,600	3,020	3,225	4,180	4,337	5,010	4,098	5,104	4,203
同上の配当利回り	3.46%	5.75%	5.29%	5.00%	5.96%	5.58%	4.31%	4.15%	3.59%	4.39%	3.53%	4.28%

※配当利回りが3.4％以上に色がけしてあります。　　　目標配当利回り　4.10%

ざっと一覧していただくとおわかりのように，この企業は過去20年間において，リーマンショック期も含めて一度も減配をしていません。ですから，安定配当企業であると考えられます。

そして，年度中の最安値で計算した配当利回りを見てみると，2007年3月期まではずっと3％未満でしたが，2008年3月期以降は，概ね良好な配当利回りとなっています。

2014年3月期以降の配当利回りは「3.53％～4.39％」であることが見てとれ

ます。配当利回りが3.5％を超えたところから注目しておき，「4.1％～4.4％」を目標配当利回りとするのが適切なようです。

このようなわけで，武田薬品工業については，「配当利回りが4.1％～4.4％の水準で買う」というのが妥当であろうと考えられます。武田薬品工業は，1株当たり配当額が2009年3月期から2018年3月期までずっと180円なので，ここでは1株当たり配当額を180円で計算します。そうすると，買いの目標株価は「4,091円～4,390円」となります。目標株価に300円の値幅があるので，少しざっくりとしたものになっていますが，この範囲内であれば，高配当を根拠に買ってもよい水準だというわけです。表9－3では「配当利回りが4.1％」の水準を採択して「4,390円」を買いの目標株価としました。

なお，アベノミクスより前の2009年3月期～2013年3月期（厳密には2012年の12月まで）は株価の低迷期だったので，配当利回りが5％以上でした。この水準になることは，もうあまりなさそうです。2018年7月の時点においては「4,390円」の10％下の株価である「3,950円」をナンピン買いの目標株価とします（表9－3に記載）。

さて，この企業については，2018年における定性的なことに少しだけ触れておきましょう。

武田薬品工業に関しては，2018年の5月8日に，7兆円という巨費を投じてイギリスのバイオ薬品メーカーのシャイアを買収することが発表され，話題になりました。この案件を懸念材料として事前に織り込むようなかたちで，2018年の2月以降，株価が大幅に下落しています。（株価には不思議な「予見能力」があるといわれています。）本稿の最初の執筆時点である2018年の7月においては，この大型買収の件は株価に充分に織り込み済みであろうと推察しています。

なお，安定配当利回りを根拠にした長期投資を行う場合，こういった定性的な要件は考慮に入れることなく，配当利回りと中長期的な安値圏を根拠にして買うのが基本です。むしろ，こういった定性的な要因が懸念材料になったからこそ，高配当利回りの株価（すなわち，相対的に低い株価）が実現したのだと考えて，株価が4,091円～4,390円のゾーンに入ったら，勇気を出して買いを検

討するべき時であろうと考えられます。

(1) 2012年から2018年の間の投資シミュレーション

ではこの銘柄についても，2012年から2018年7月までの投資シミュレーションを時系列順に説明していきます。

なお，この銘柄については，多少ややこしい前提を置く必要があります。

というのは，この銘柄は買いの目標株価を2013年までと2014年以降で変更しなければならないのです。というのも，2018年の時点で結果的に俯瞰してみてみてもわかるように，この銘柄の「年度中の安値における配当利回り」は2009年3月期から2013年3月期までは5％台ですが，2014年3月期以降は4％台または3％台なのです（「表9－6の続き」を参照）。

ですから，いわゆるアベノミクス前（2012年12月末まで）の目標配当利回りは「5.0％」としますが，アベノミクス後（2013年1月以降）から1年間，すなわち2013年1月からの1年間は目標配当利回りを「5.0％」として様子をみます。そして，株価が3,600円までなかなか下がってこないので，2014年1月以降は目標配当利回りを「4.0％」に改訂します。

この銘柄の株価は，アベノミクスの開始に歩調を合わせて2013年1月〜2013年4月の期間に4,000円弱から5,500円強まで急騰しており，その後も4,180円までしか下がっていません。そのため，目標配当利回りを「5.0％」のままとするのは現実的ではなくなっているからです。

配当利回りを根拠とした長期投資においては，このような「目標配当利回りの改訂」を適宜行う必要があり，その点が一番難しいところではあります。

では，2012年からみていきます。

① 2012年

この企業は2009年3月期以降ずっと，配当の予想額を年間で180円としてきています。そこで，2012年1月の時点でも，配当の予想額を年間で180円と想定します。180円を5.0％で割り返すと3,600円となります。2012年1月4

日に 3,405 円で寄り付きます。この株価は理論的な買い値の 3,600 円よりも充分に低いので，ここで買います。

その後，1 月 17 日に 3,160 円の安値を付けます。ここでは，理論的な買い値の 3,600 円の 10％下の株価をナンピン水準とすると，1 月 17 日に 3,160 円を付ける手前の 1 月 12 日に 3,240 円でナンピン買いをすることになります。買いの平均単価は 3,322 円です。

2012 年 1 月 4 日に買い始めた時以降の最安値は 3,160 円（同年の 1 月 17 日）でした。ですから売りの目標株価は，(3,160 円 × 1.50 =) 4,740 円となります。4,740 円というのは 2008 年 11 月以降ずっと付いていない高値なので，かなり無理がありますが，理論的にはこの 4,740 円というのが売りの目標株価になります。

② 2013 年

アベノミクスが始まり，この企業の株価も急騰します。2013 年 2 月 20 日に 4,740 円が付きますので，ここで売ります。1 年と 1 ヶ月半の保有で，1 年分のインカムゲイン（ナンピン買いをしているため，利回りは 5.4％）と 42.7％のキャピタルゲインを実現できます（合計の利回りは 48.1％）。

③ 2014 年～2015 年

この年度も配当の予想額は，年間で 180 円です。(1) の冒頭（①の前）にも書きましたが，アベノミクス以降は株価が 3,600 円には下がらなくなったため，2013 年の 1 年間，様子を見た上で，目標配当利回りを「4.0％」に改訂します。そこで，次の買いの目標株価を 4,500 円とします。すると，2014 年 4 月 8 日に 4,500 円が付きますので，ここで買います。

その後の最安値は 4,337 円（2014 年 10 月 17 日）なので，売りの目標株価は (4,337 円 × 1.40 =) 6,072 円とします。2015 年 2 月 12 日に 6,072 円が付きますので，ここで売ります。

半年分のインカムゲイン（2.0％）と 34.9％のキャピタルゲインを 10 ヶ月の

保有で実現できます（合計の利回りは 36.9％）。

その後は 2016 年 6 月 13 日まで株価は 4,500 円に下がってきません。

④　2016 年〜2017 年

この年度も配当の予想額は年間で 180 円で，目標配当利回りは「4.0％」です。2016 年 6 月 13 日に株価が 4,500 円になりますので，ここで買います。

そして，2016 年 6 月 24 日に 4,098 円の最安値を付けますが，ナンピン買いの株価は（4,500 円の 10％下の）4,050 円ですので 48 円届かず，ナンピン買いはしません。なお，2016 年において，「目標配当利回りは 4.10％が適切である」と判断することになります。2015 年 3 月期における年度中の最安値の配当利回りが「4.15％」だったことがその根拠です。

4,098 円が結果的な最安値ですから，これを起点にして 1.40 倍の株価が売りの目標株価になります。(4,098 円 × 1.40 ＝) 5,737 円です。

2017 年 5 月 17 日に 5,737 円が付きますので，そこで売ります。今回は 11 ヶ月間の保有で 4.0％のインカムゲインを 1 年分と 27.5％のキャピタルゲインを得られます（合計の利回りは 31.5％）。

⑤　2018 年

この年度も配当の予想額は年間で 180 円です。目標配当利回りを「4.1％」に改訂します。買いの目標株価は 4,390 円になります。

2018 年 5 月 30 日に株価が 4,390 円になりますので，ここで買います。

2018 年 6 月 19 日に 4,203 円の安値が付きました。これが最安値だとすれば，この買いに関する売りの目標株価は，(4,203 円 × 1.41 ＝) 5,926 円です。

(2)　投資シミュレーションのサマリー

＜ 2012 年〜 2013 年 ── 1 回転目＞

2012 年 1 月 4 日，3,405 円で買い。

2012 年 1 月 12 日に 3,240 円でナンピン買い（買いの平均単価は 3,322 円）。

2012 年 3 月 31 日，半年分の配当の受け取り確定。

2012 年 9 月 30 日，半年分の配当の受け取り確定。

売りの目標株価は 4,740 円。

2013 年の 2 月 20 日，4,740 円で売り。

1 年 1 ヶ月半の保有で合計 48.1％の利回りを実現。

＜ 2014 年〜 2015 年 ── 2 回転目＞

株価が 3,600 円には下がらなくなったため，2013 年の 1 年間，様子を見た上で，目標配当利回りを「4.0％」に改訂。

2014 年 4 月 8 日，4,500 円で買い。

2014 年 9 月 30 日，半年分の配当の受け取り確定。

売りの目標株価は 6,072 円。

2015 年 2 月 12 日，6,072 円で売り。

10 ヶ月の保有で合計 36.9％の利回りを実現。

その後，2016 年 6 月 13 日まで株価は 4,500 円に下がらない。

＜ 2016 年〜 2017 年 ── 3 回転目＞

2016 年 6 月 13 日，4,500 円で買い。

2016 年 9 月 30 日，半年分の配当の受け取り確定。

2017 年 3 月 31 日，半年分の配当の受け取り確定。

売りの目標株価は 5,737 円。

2017 年 5 月 17 日，5,737 円で売り。

11 ヶ月間の保有で合計 31.5％の利回りを実現。

＜ 2018 年 ── 4 回転目の買い＞

目標配当利回りを「4.10％」に改訂。

2018 年 5 月 30 日，4,390 円で買い。

2018 年 6 月 19 日の 4,203 円が最安値だとすれば，今回の売りの目標株価は 5,926 円。

[4] キヤノン(7751)

まず、キヤノンに関する過去20年間分の配当関連データを表9-7にまとめました。

表9-7　キヤノンの配当関連データ

年度	1998年12月期	1999年12月期	2000年12月期	2001年12月期	2002年12月期	2003年12月期	2004年12月期	2005年12月期	2006年12月期	2007年12月期
配当額(通年)	17	17	21	25	30	50	65	100	100	110
増減配額	0	0	4	4	5	20	15	35	0	10
会計年度中の最安値	1,930	2,170	3,400	3,150	3,620	3,910	4,910	5,190	5,240	5,190
同上の配当利回り	0.9%	0.8%	0.6%	0.8%	0.8%	1.3%	1.3%	1.9%	1.9%	2.1%

2006年6月27日に1:1.5の分割

表9-7の続き

年度	2008年12月期	2009年12月期	2010年12月期	2011年12月期	2012年12月期	2013年12月期	2014年12月期	2015年12月期	2016年12月期	2017年12月期	2018年12月期<予>
配当額(通年)	110	110	120	120	130	130	150	150	150	160	160
増減配額	0	0	10	0	10	0	20	0	0	10	0
会計年度中の最安値	2,215	2,115	3,205	3,220	2,308	2,913	2,889	3,402	2,780	3,218	3,463
同上の配当利回り	4.97%	5.20%	3.74%	3.73%	5.63%	4.46%	5.19%	4.41%	5.40%	4.97%	4.62%
										目標配当利回り	4.40%

※配当利回りが3.7%以上に色がけしてあります。

表9-7をざっと一覧していただくとおわかりのように、この企業は過去20年間において、リーマンショックの時期も含めて一度も減配をしていません。ですから、武田薬品工業と同じく、理想的な安定配当企業であると考えられます。

そして、会計年度中の最安値で計算した配当利回りを見てみると、2007年12月期まではずっと3％未満でしたが、2008年12月期以降の11年間は、ずっと3.7％以上の良好な配当利回りを計上しています。5.0％以上に達する年も何度かありました。

アベノミクス以降（2013年12月期以降）の目標配当利回りは「4.4％」であることが見てとれます。会計年度中の最安値で計算した配当利回り（表9-7中の「同上の配当利回り」）を見ると、2013年12月期が4.46％で、2015年12月期が4.41％であり、これが配当利回りの安値圏なので、これを根拠として、目標配当利回りを「4.4％」と考えます。このようにして、まずは配当利回りが「4.4

%」になる水準が最初の買いの目標株価の水準であると考えます。

そして，過去において5.0％以上の配当利回りも何度か示現していることから，「5.0％」でナンピン買いをすることとします。

(1) 2012年から2018年の間の投資シミュレーション

ここでは2012年8月から始めて，時系列順に説明していきます。この企業は12月決算です。また，この企業は配当の予想額が公表されないことが多いので，そういった場合には次善の策として，直近の本決算における確定値ベースの配当額を基にして意思決定をしていくことになります。配当の確定値に基づく意思決定には若干の違和感もありますが，この企業の場合，過去20年以上にわたって減配していないという実績がありますので，減配の不安は非常に少ないです。

① 2012年

2012年7月下旬に公表された2012年12月期第2四半期決算で，上半期の配当額が60円と発表されました。期末配当額は未定ですが，直近の本決算における確定値ベースの配当額が年額で120円なので，これを基準にします。120円を4.4％で割り返すと2,727円となります。

2012年7月最終週に2,727円が付きますので，ここで買います。

また，同じ週に2,308円まで下がって底を打ちます。120円を5.0％で割り返すと2,400円となります。この株価（2,400円）でナンピン買いをします。買いの平均単価は2,564円です。

その後，同年の10月中旬に二番底（2,328円）を付けていますので，いくらでも買いのチャンスはありました。同年の11月下旬に大きく上昇に転じるまでの最安値は2,308円（同年の7月下旬）でした。ですから売りの目標株価は，(2,308円 × 1.44 =) 3,324円となります。売りの目標株価を算出する場合の倍率は，最初の目標配当利回り（4.4％）の10倍の44％，すなわち1.44倍で計算します。売りの目標株価を算出する時には，ナンピンの配当利回り（5.0％）は

用いませんので注意が必要です。

　2012年の12月下旬に3,324円を超えますので，ここで売却します。結果としては，5ヶ月間の保有でしたのでインカムゲインは得られませんでしたが，29.6％のキャピタルゲインを得られます（この企業の配当の権利落ちは毎年6月末と12月末で，今回はそれらを1回も経過しませんでした）。

② 2013年

　2013年1月30日に2012年12月期本決算が公表されました。そこで，2012年12月期の配当が年額で130円と発表されました。10円の増配は創立75周年記念配当ですし，2013年12月期の配当額は未定です。しかしながら，表9－7にあるようにこの企業の場合，2000年12月期以降，増配基調が鮮明ですので，配当の期待値を年額で130円と考え，これを基準にします。130円を4.4％で割り返すと2,955円となります。

　2013年8月最終週に2,955円が付きますので，ここで買います。

　そしてその後，同年の11月最終週と12月第1週に3,410円まで上がりますが，同年9月に付けた最安値（2,913円）から17％しか上昇していないので売りは見送ります。

　その後は，2014年2月第1週に2,889円まで下がって底を打ちます。

③ 2014年

　2月第1週に付けた2,889円を底値として，株価は上昇基調に入ります。最安値が2,889円ですから，売りの目標株価は，（2,889円 × 1.44 ＝）4,160円となります。

④ 2015年

　3月第3週に売りの目標株価である4,160円を付けますので，ここで売ります。

　2013年8月から2015年3月まで1年7ヶ月間保有し，4.4％のインカムゲインを1年半分と40.8％のキャピタルゲインを得られます。

時系列の順番は前後しますが，2015年1月28日に公表された2014年12月期の本決算で，2014年12月期の配当が年額150円と発表されています。150円を4.4％で割り返すと3,409円となりますので，2015年の3月に売却した後，次回の買いの目標株価は3,409円となります。

その後，2015年9月の最終週に3,409円が付きますので，ここで買います。

同年の10月に3,862円まで上がりますが，同年9月に付けた最安値（3,402円）から13.5％しか上昇していないので売りは見送ります。

⑤ 2016年

2月に株価が3,000円を割り込みます。150円を5.0％で割り返すと3,000円となります。この株価でナンピン買いをします。買いの平均単価は3,205円です。この後2016年中は，株価は低迷が続きますので，2016年は保有し続けます。

2016年中に2,780円の底値を付けました。この2,780円の底値を基準にして売りの目標株価を算出すると，（2,780円 × 1.44 =）4,003円となります。

⑥ 2017年

10月第3週に4,003円を超えますので，4,003円で売ります。保有期間が2年強にわたるので，2年分のインカムゲインを得ながら，2年間で24.9％のキャピタルゲインが得られます。

⑦ 2018年

2017年10月24日に公表された2017年12月期第3四半期決算で，下半期の配当額が10円増配になり，年額で160円と発表されています。この10円の増配は創立80周年記念配当ですが，上の②にも書いたように，この企業の場合，2000年12月期以降，増配基調が鮮明ですので，配当の期待値を年額で160円と考え，これを基準にして次の買い値の目標株価を算出します。160円を4.4％で割り返すと3,636円となります。

そこで買い値の目標株価を3,636円としますが，この企業の場合，2012年と

2016年に配当利回りが5.0％を超える水準まで株価が下がった実績もありますので、配当利回りが5.0％になる3,200円でもナンピン買いをすることを想定しておきます。

なお、2014年にも配当利回りが5.0％を超えていますが（5.2％）、これは事後的な計算で5.2％となったものなので、ここでは度外視しています。

またもちろん、今後の配当額の推移にも注意を払い続ける必要があります。

そして、この企業は2018年1月30日に2017年12月期の本決算を発表しています。予想配当額は「未定」と発表されましたが、配当の期待値を年額で160円と考えます。

その決算発表の翌日の2018年1月31日の株価は4,300円台で、かなり高くなっていますので、もっと大きく下がってくるのを気長に待ちます。長期投資としての買いの目標株価はあくまでも3,636円と3,200円です。

すると、2018年6月22日に3,635円を付けます。この日に最初の買いを入れます。（3,200円になったらナンピン買いをします。）

(2) 投資シミュレーションのサマリー

＜2012年 —— 1回転目＞

2012年7月最終週、2,727円で買い。

同じ週に、2,400円でナンピン買い（買いの平均単価は2,564円）。

売りの目標株価は3,324円。

2012年12月下旬、3,324円で売却。

5ヶ月間の保有で、29.6％のキャピタルゲインを獲得。

＜2013年 —— 2回転目の買い＞

2013年8月最終週、2,955円で買い。

2013年12月31日、半年分の配当の受け取り確定。

＜2014年 —— 2回転目の売りの目標株価が確定＞

2014年6月30日、半年分の配当の受け取り確定。

2014年12月31日、半年分の配当の受け取り確定。

売りの目標株価は 4,160 円。

＜2015 年 ── 2 回転目の売りと 3 回転目の買い＞

3 月第 3 週，4,160 円で売り。

1 年 7 ヶ月の保有で合計 47.4％の利回りを実現。

2015 年 9 月最終週，3,409 円で買い。

2015 年 12 月 31 日，半年分の配当の受け取り確定。

＜2016 年 ── 3 回転目のナンピン買い＞

2 月 3,000 円でナンピン買い（買いの平均単価は 3,205 円）。

2016 年 6 月 30 日，半年分の配当の受け取り確定。

2016 年 12 月 31 日，半年分の配当の受け取り確定。

売りの目標株価は 4,003 円。

＜2017 年 ── 3 回転目の売り＞

2017 年 6 月 30 日，半年分の配当の受け取り確定。

2017 年 10 月第 3 週，4,003 円で売り。

2 年の保有で 24.9％のキャピタルゲインと 2 年分の配当を獲得。

＜2018 年 ── 4 回転目の買い＞

2018 年 6 月 22 日，3,636 円で買い。

2018 年 7 月 6 日の 3,463 円が最安値だとすれば，今回の売りの目標株価は 4,986 円。

第 4 節　代表的な 4 銘柄の投資シミュレーション

　それでは最後に，第 3 節で取り扱った 4 銘柄の投資シミュレーションに基づいて，2 億円という理想的な資金があったとした場合に，2012 年からの 6 年 7 ヶ月で，どのような運用成果が得られたことになるのかという視点で，統合的な投資シミュレーションをしてみます。

　ここでの投資シミュレーションでは，「株式投資の最終目標」を意識した壮大なものを展開します。すなわち，「株式投資の最終目標」を「満 70 歳の時点

で投資資金を2億円まで増殖させ，それを長期投資で運用して『至福の老後』を過ごすこと」と定義して，それが実際にはどのように展開するのかをみていこうと思います。

未来の株価データは誰にもわからないので，投資シミュレーションを行うには，スタート時点を過去の一定の時期に設定するしかありません。そこでここでは，スタート時点を「2012年1月1日」とします。つまり，「2012年1月1日に満70歳になっていて，投資資金の2億円を長期投資で運用したと仮定したらどういう展開になるのか」をみていきます。

［1］ 投資シミュレーションの前提

投資資金：2億円

開始日：2012年1月1日

最終日：2018年7月31日（投資シミュレーションの期間は6年7ヶ月）

投資戦略：投資資金の2億円を4つの銘柄に均等に分散して投資する。1銘柄当たり最大で5,000万円を投資する。また，それぞれの銘柄に「最初の買い値」と「ナンピン買いの株価」を設定し，「最初の買い値」で2,500万円分買い，「ナンピン買いの株価」で2,500万円分買うこととする。すなわち，各銘柄ごとにナンピン買いのための資金を半分確保する。

疑似配当の受取：株式を保有していない期間は実際の配当は受け取れないが，その期間にも，年金代わりに配当と同等の金額を受け取りたいので，売却してキャピタルゲインを得た後には，その利益を原資にして，直近の株式保有時に受け取った実際の配当額と同じ金額を「疑似配当」として受け取る（実際には，株の口座から引き出す）こととする。

すなわち，株式を保有している期間は実際の配当を受け取り，株式を保有していない期間は疑似配当をキャピタルゲインから引き出すことで，安定的な財源を確保する。

許容事項：ここでのシミュレーションは，あくまでも結果論であって，実際の取引において，ここで展開する理論通りに行動できるとは限らない点を許

容するものとする。すなわち，机上の空論的なところがあっても許容し，本書で解説した長期投資の成果を大枠でとらえることを目的とする。

　では以下で，運用成果を計算した結果を時系列順にお示しします。計算過程は複雑ですので割愛します。計算結果は概算の手取額で，売買手数料と復興税は無視します。配当総額とキャピタルゲインは手取り額です。（税率は20％としました。）

[2] 投資シミュレーションの結果

＜2012年＞

・配当総額　　　　　　　　　　　　　　　　　　　　　4,477,000 円

　（うち実際配当額　　　　3,150,000 円）

　（うち疑似配当額　　　　1,327,000 円）

・年末における資金総額（取得原価ベース）　　　　224,424,000 円

・年末における概況

　コマツ　　1回転目売買完了　キャピタルゲイン　　5,997,000 円

　ホンダ　　1回転目売買完了　キャピタルゲイン　　8,171,000 円

　タケダ　　1回転目保有中

　キヤノン　1回転目売買完了　キャピタルゲイン　13,583,000 円

・年内における稼働資金割合　75％

＜2013年＞

・配当総額　　　　　　　　　　　　　　　　　　　　　5,625,000 円

　（うち実際配当額　　　　　608,000 円）

　（うち疑似配当額　　　　5,017,000 円）

・年末における資金総額（取得原価ベース）　　　　238,577,000 円

・年末における概況

　コマツ　　　待機

　ホンダ　　　待機

タケダ　　１回転目売買完了　キャピタルゲイン　　19,170,000 円
　　キヤノン　　２回転目保有中
・年内における稼働資金割合　50％

＜2014 年＞
・配当総額　　　　　　　　　　　　　　　　　　　4,397,000 円
　　（うち実際配当額　　　　1,742,000 円）
　　（うち疑似配当額　　　　2,255,000 円）
・年末における資金総額（取得原価ベース）　　　235,922,000 円
・年末における概況
　　コマツ　　　待機
　　ホンダ　　　待機
　　タケダ　　　２回転目保有中
　　キヤノン　　２回転目保有中
・年内における稼働資金割合　37.5％

＜2015 年＞
・配当総額　　　　　　　　　　　　　　　　　　　3,712,000 円
　　（うち実際配当額　　　　　972,000 円）
　　（うち疑似配当額　　　　2,740,000 円）
・年末における資金総額（取得原価ベース）　　　252,391,000 円
・年末における概況
　　コマツ　　　２回転目保有中
　　ホンダ　　　待機
　　タケダ　　　２回転目売買完了　キャピタルゲイン　　9,175,000 円
　　キヤノン　　２回転目売買完了　キャピタルゲイン　10,034,000 円
　　　　　　　　３回転目保有中
・年内における稼働資金割合　37.5％

＜2016 年＞
・配当総額　　　　　　　　　　　　　　　　　　　5,578,000 円

（うち実際配当額　　　　1,447,000 円）

　　（うち疑似配当額　　　　4,131,000 円）

・年末における資金総額（取得原価ベース）　　　　271,200,000 円

・年末における概況

　　コマツ　　2 回転目売買完了　キャピタルゲイン　　2,904,000 円

　　ホンダ　　2 回転目売買完了　キャピタルゲイン　　9,688,000 円

　　3 回転目売買完了　キャピタルゲイン　　7,664,000 円

　　タケダ　　3 回転目保有中

　　キヤノン　3 回転目保有中

・年内における稼働資金割合　75%

＜2017 年＞

・配当総額　　　　　　　　　　　　　　　　　　　5,404,000 円

　　（うち実際配当額　　　　2,375,000 円）

　　（うち疑似配当額　　　　3,029,000 円）

・年末における資金総額（取得原価ベース）　　　　290,059,000 円

・年末における概況

　　コマツ　　待機

　　ホンダ　　4 回転目保有中

　　タケダ　　3 回転目売買完了　キャピタルゲイン　　8,016,000 円

　　キヤノン　3 回転目売買完了　キャピタルゲイン　14,403,000 円

・年内における稼働資金割合　50%

＜2018 年 7 月 31 日まで＞

・配当総額　　　　　　　2,182,000 円

　　（うち実際配当額　　　　1,021,000 円）

　　（うち疑似配当額　　　　1,161,000 円）

・2018 年 7 月 31 日における資金総額（取得原価ベース）　　298,645,000 円

・2018 年 7 月 31 日における概況

　　コマツ　　待機

ホンダ	4回転目売買完了	キャピタルゲイン	9,216,000円
	5回転目保有中		
タケダ	4回転目保有中		
キヤノン	4回転目保有中		

・7月31日時点における稼働資金割合　37.5％

[3] 総　　評

　実際配当額と疑似配当額を合わせた年間の配当総額は，最小で3,712,000円，最大で5,621,000円となっています。年間配当総額の平均値は，およそ4,865,000円です。

　資金総額は2億円で開始して，2018年7月末においては298,645,000円（約3億円）になっています。すなわち，「毎年およそ4,865,000円の配当を受け取りながら，6年7ヶ月で資金総額が2億円からおよそ3億円に増えている」のです。

　大雑把に計算すると，この期間における資金総額の平均値は2億5,000万円くらいです。2億5,000万円の資金総額に対して4,865,000円の配当総額ということは，総平均の配当利回りは約2％です。高配当利回りの銘柄に投資しているわりには総平均の配当利回りがあまり高くありませんが，これはひとえに「年内における稼働資金割合」があまり高くないことに起因しています。

　2012年から2017年までの「年内における稼働資金割合」の平均値は「54.2％」です。各銘柄ごとにナンピン買いのための資金を半分確保していることと，待機の期間が長いことが「年内における稼働資金割合」の値を引き下げる要因となっていることがわかります。そのため，総平均の配当利回りは約2％に留まっていますが，稼働資金に対する利回りは4％近くあることがわかります。

　さて最後に，長期投資による老後の生活はどのようなものなのかを想像してみましょう。

［4］ 長期投資による「上流老人」の生活イメージ

　「下流老人」という言葉が流行って久しいのですが，やはりこの言葉はわびしく，寂しいです。そこで，ここでは敢えてその向こうをはって，「上流老人」の生活イメージについて考えてみたいと思います。70歳までに2億円というのは途方もないような金額ですが，理想と目標を高く持って，「一生安泰」の楽隠居の生活をイメージしてみようと思います。すべからく，目標を高く持って，それを真摯に目指さなければ，人生を高いレベルにもっていくことはできません。ですから，「そんなの無理だ」と諦めてしまわず，「夢の楽隠居」を先取りしてイメージしてみます。

　上の［3］に述べたように，長期投資を実践することによって，「毎年およそ4,865,000円の配当を受け取りながら，6年7ヶ月で資金総額が2億円から約3億円に増えている」ということが期待できます。すなわち，充分な配当収入を得ながら，資産も増えていくというわけです。この投資法が「インカムゲインとキャピタルゲインの両取り」を想定しているからに他なりません。

　年金収入（手取り額）は人によって様々ですが，厚生労働省が公表しているデータによると，平均的な人で年額約260万円（月額約22万円）くらいのようで，多い人で320万円〜420万円くらいのようです。年金収入が年額260万円だとすると，配当収入＋年金収入で年額約750万円（月額625,000円）になります。70歳を過ぎた老後としては，充分な収入です。

　このように，本書で解説した長期投資を考慮に入れると，老後の人生がバラ色になります。老後不安を解消する最有力の手段が，「株式投資による長期投資」だといえるのです。

　たとえば，本書で解説した4つの銘柄に投資をしているとしたら，4つの大企業の名刺を作ってしまっても面白いかもしれません。肩書きは，「なんにも専務」か「小株主（しょうかぶぬし）」です（笑）。なんにもしなくても年間に100万円とか120万円とかがもらえるのですから，役職は「なんにも専務（なんにもしないことに専念する人）」です。それに，たとえ1万株や2万株持っていても，（それは個人株主としてはかなり多い株数ですが，）発行済株式総数（たとえば本田技研工業の場合，

2018年3月31日現在,およそ18億1,143万株もあります)と比べたら小さなものなので,「小株主」ですね。

　定年退職してから数年経って,なんと4社もの東証1部上場の優良大企業の名刺が持てるのです。ちょっと嬉しくないですか？　まぁ,酒の肴にしかなりませんが。

たとえば,こんなかんじです。

```
本田技研工業
小株主
なんにも専務
榊原　正幸
```

　さて,では次に第10講で,貸借対照表からみた割安株への中期投資の手法について解説していきます。

第10講　貸借対照表からみた割安株への中期投資の手法

第1節　基本編

　第10講では，低PBRを軸とした貸借対照表からみた割安株投資についてまとめていきます。

　低PBRを軸とした割安株投資についても，投資対象は第8講で解説した国際優良企業と財務優良企業に限定します。投資対象の安全性を確保するためです。

　そして，第8講にある表8－1の国際優良企業と表8－2の財務優良企業の中からPBRの値が低い銘柄を見つけます。もちろん，ただPBRの値が低いだけではいけませんが，**割安株の見つけ方の一番簡単な方法は，簡潔にいえば優良企業の中からPBRの値の低い銘柄を見つけること**から始まるのです。

株価の割安・割高の度合いを示す代表的指標

$$PBR = \frac{株価}{1株当たり総資産（BPS）}$$

$$PER = \frac{株価}{1株当たり総資産（EPS）}$$

　なお，PBRではなく，「PER」の値が低い銘柄を割安株と定義することもよくあります。しかし，私はPERの値が低い銘柄を割安株ととらえることには，やや懐疑的なところがあります。

　というのも，PERの値が低い銘柄もたしかに「収益力の面からみた割安株」ではあるのですが，**PERの値というのはPBRの値に比べるとブレやすい**のです。

PERの値という場合，予想値ベースのEPSの値に基づくPERの値（これを「PER<予>」と書きます）に市場参加者は注目するのですが，この「PER<予>」の値が四半期決算の時に変わってしまうことがあります（次の第11講で解説する「増益企業への短期投資の手法」は，こういった変化の中でも予想値ベースのEPSの値の上方修正を基にしたものです。予想値ベースのEPSの値は上方にも下方にも頻繁に修正がありますので注目しなければなりません）。そのようなわけで，PERの値が低い銘柄を割安株ととらえるのは，やや「安定性と安全性を欠く」といわざるを得ない面があるのです。

　その点，PBRの値の基礎になるBPSの値というのは，よほどのことがない限り，大幅に変動することはないので，指標としての安定性が「PER<予>」よりも高いのです。

　というわけで，本講では「PBRに基づく割安株投資」の手法を中心に解説していきます。

　まず，一番簡単な低PBR銘柄の見つけ方について述べます。

　PBRの値というのは大きく分けて2つあります。1つは，個別銘柄の株価に基づく個別銘柄のPBRの値です。これは，「個別銘柄の株価 ÷ 個別銘柄のBPSの値」で求めます。

　もう1つは，市場全体の平均値としてのPBRの値です。これは，次のサイトに載っています。

https://www.nikkei.com/markets/kabu/japanidx/

　この日本経済新聞のサイトの「時価情報」の次のところに「純資産倍率（連結決算ベース）」というのがあります。ここに，「項目名」として「日経平均」から「ジャスダック」までの7つの項目が載っていますが，このうちの「日経平均」を見ればいいのです。

　このように，PBRの値というのは，「個別銘柄のPBRの値」と「市場全体の平均値としてのPBRの値」があるのですが，ここで参照するのは，「市場全体の平均値としてのPBRの値」の方です。すなわち，先の日本経済新聞のサイトの「純資産倍率（＝PBR）」の「日経平均」の値です。

第10講 貸借対照表からみた割安株への中期投資の手法

たとえば，（この節を執筆中の）2018年8月7日における日経平均の純資産倍率（＝PBR）の値は「1.23倍」です。

国際優良企業の場合は，この値（1.23倍）に 0.6 をかけた値が，一番簡単な意味での低 PBR の基準です。

財務優良企業の場合は，この値（1.23倍）に 0.5 をかけた値が，一番簡単な意味での低 PBR の基準です。

これらの比率（0.6 と 0.5）は，過去の膨大なデータから割り出した経験則としての比率を最もシンプルに表したものです。

ということは，2018年8月7日時点における「PBR に基づく割安」のメドは，国際優良企業の場合は（1.23倍 × 0.6 ＝）0.738倍となります。また，財務優良企業の場合は（1.23倍 × 0.5 ＝）0.615倍となります。

表10－1　国際優良企業群のPBRの値（2018年8月7日）

No.	Code	銘柄名	2018年8月7日の終値	BPSの値	PBRの値
1	1605	国際石油開発帝石	1,250.5	1,997	0.63
2	5401	新日鐵住金	2,278.5	3,564	0.64
3	7261	マツダ	1,344	1,894	0.71
4	5411	JFE HD	2,554.5	3,376	0.76
5	7267	本田技研工業	3,427	4,461	0.77
6	7011	三菱重工業	4,180	5,431	0.77
7	5802	住友電気工業	1,817.5	1,974	0.92
8	4901	富士フイルムHD	4,653	4,833	0.96
9	6971	京セラ	6,922	6,354	1.09
10	6501	日立製作所	767.1	695	1.10
11	7203	トヨタ自動車	7,146	6,439	1.11
12	6902	デンソー	5,548	4,615	1.20
13	3402	東レ	845	682	1.24

日経平均のPBRの値 × 0.6 ＝ 0.738

そこで，2018年8月7日時点における国際優良企業のPBRの値を表10－1に，財務優良企業のPBRの値を表10－2に掲載しました。表10－1と表

10−2では、2018年8月7日時点においてPBRの値が日経平均の純資産倍率である1.23倍を超えているものは割愛しました。

表10−2 財務優良企業群のPBRの値（2018年8月7日）

No.	Code	銘柄名	BPS	2018年8月7日の終値	PBRの値	備考
1	1662	石油資源開発	7,402	2,804	0.38	前期大赤字・黒転予定
2	6839	船井電機	1,486	656	0.44	赤字決算
3	6794	フォスター電機	2,412	1,204	0.50	赤字決算
4	5451	淀川製鋼所	5,112	2,784	0.54	
5	5449	大阪製鐵	3,635	2,045	0.56	
6	8871	ゴールドクレスト	3,227	1,978	0.613	
7	6349	小森コーポレーション	2,275	1,396	0.614	
8	3191	ジョイフル本田	2,754	1,690	0.614	
9	7433	伯東	2,568	1,595	0.621	もう少しで割安
10	8281	ゼビオHD	2,666	1,660	0.623	もう少しで割安
11	1605	国際石油開発帝石	1,997	1,250.5	0.626	もう少しで割安
12	5481	山陽特殊製鋼	3,961	2,484	0.627	もう少しで割安
13	9404	日本テレビHD	2,728	1,783	0.65	
14	4968	荒川化学工業	2,622	1,729	0.66	
15	5214	日本電気硝子	5,371	3,640	0.68	
16	9401	東京放送HD	3,350	2,313	0.69	
17	5946	長府製作所	3,556	2,457	0.69	
18	9409	テレビ朝日HD	3,145	2,186	0.70	
19	1941	中電工	3,909	2,722	0.70	
20	3608	ＴＳＩ　HD	1,073	754	0.70	
21	8068	菱洋エレクトロ	2,566	1,807	0.70	
22	6804	ホシデン	1,463	1,071	0.73	
23	6986	双葉電子工業	2,776	2,047	0.74	
24	7862	トッパン・フォームズ	1,525	1,136	0.74	
25	9301	三菱倉庫	3,331	2,532	0.76	
26	8125	ワキタ	1,740	1,327	0.76	
27	8595	ジャフコ	5,182	3,980	0.77	
28	6961	エンプラス	4,062	3,155	0.78	
29	5444	大和工業	4,456	3,495	0.78	

第10講　貸借対照表からみた割安株への中期投資の手法

No.	Code	銘柄名	BPS	2018年8月7日の終値	PBRの値
30	6140	旭ダイヤモンド工業	1,049	827	0.79
31	1881	ＮＩＰＰＯ	2,639	2,102	0.80
32	3201	日本毛織	1,202	961	0.80
33	5208	有沢製作所	1,378	1,103	0.80
34	7226	極東開発工業	2,191	1,758	0.80
35	4062	イビデン	2,013	1,623	0.81
36	1968	太平電業	3,290	2,705	0.82
37	7981	タカラスタンダード	2,155	1,774	0.82
38	6810	マクセルHD	2,290	1,901	0.83
39	8184	島忠	4,248	3,555	0.84
40	6118	アイダエンジニアリング	1,219	1,043	0.86
41	9364	上組	2,660	2,299	0.86
42	6925	ウシオ電機	1,683	1,462	0.87
43	4547	キッセイ薬品工業	3,761	3,315	0.88
44	4551	鳥居薬品	2,979	2,633	0.88
45	4045	東亞合成	1,415	1,266	0.89
46	6741	日本信号	1,216	1,096	0.90
47	9842	アークランドサカモト	1,696	1,530	0.90
48	6996	ニチコン	1,346	1,216	0.90
49	4471	三洋化成工業	5,901	5,350	0.91
50	1944	きんでん	1,992	1,807	0.91
51	3002	グンゼ	6,084	5,530	0.91
52	7278	エクセディ	3,984	3,630	0.91
53	1883	前田道路	2,327	2,128	0.91
54	3591	ワコールHD	3,454	3,165	0.92
55	8214	ＡＯＫＩ　HD	1,692	1,554	0.92
56	1950	日本電設工業	2,403	2,211	0.92
57	7230	日信工業	2,103	1,936	0.92
58	7251	ケーヒン	2,495	2,324	0.93
59	2053	中部飼料	1,658	1,552	0.94
60	5959	岡部	1,121	1,051	0.94
61	6113	アマダHD	1,191	1,123	0.94

No.	Code	銘柄名	BPS	2018年8月7日の終値	PBRの値
62	6651	日東工業	2,052	1,937	0.94
63	4401	ADEKA	1,910	1,833	0.96
64	9882	イエローハット	3,177	3,055	0.96
65	3087	ドトール・日レスHD	2,192	2,139	0.98
66	9413	テレビ東京HD	2,878	2,825	0.98
67	9076	セイノーHD	1,999	1,965	0.98
68	9543	静岡ガス	1,043	1,028	0.99
69	6457	グローリー	3,004	2,969	0.99
70	4665	ダスキン	2,758	2,755	0.999

国際石油開発帝石は国際優良企業でもある
日経平均のPBRの値 × 0.5 = 0.615

(1) 国際優良企業群

まず表10−1の国際優良企業群からみていきましょう。

国際優良企業群のうちPBRの値が1.23倍以下のものは2018年8月7日時点において12社だけであり，それをPBRの値が低い順にリストアップしました。

国際優良企業の場合は，市場全体の平均値としてのPBRの値（1.23倍）に0.6をかけた値が一番簡単な意味での低PBRの基準ですから，上にも述べたように，2018年8月7日時点においては（1.23倍 × 0.6 =）「0.738倍」となります。PBRの値が0.738倍以下の銘柄は国際石油開発帝石・新日鐵住金・マツダの3つしかありません。これら3つの企業の2018年8月7日時点の株価は，中長期的にみると株価が割安な位置にあるといえます。

(2) 財務優良企業群

次に，表10−2の財務優良企業群をみて下さい。

財務優良企業群を2018年8月7日時点においてPBRの値が低い順にリストアップしました。

財務優良企業の場合は，市場全体の平均値としてのPBRの値（1.23倍）に

0.5をかけた値が一番簡単な意味での低PBRの基準ですから、上にも述べたように、2018年8月7日時点においては（1.23倍 × 0.5 ＝）「0.615倍」となります。PBRの値が0.615倍以下の銘柄は8つあり、もう少しだけ株価が低くなればPBRの値が0.615倍以下になる銘柄（PBRの値が0.630倍以下の銘柄）が4つあります。計12個の銘柄が、2018年8月7日時点においてPBRの値が低いという点で、注目すべき銘柄です。

　その中でも、予想値ベースのEPSが赤字の企業が2社あり、それが低PBRの順で2位と3位に位置しています。これらの赤字企業については、PBRの値が「0.307倍（0.615倍の半分）」程度まで下がらないと、安心とはいえません。また、低PBRの順で1位の石油資源開発も直近の確定値のEPSは大赤字ですが、今期末（2019年3月期）は黒字転換する予定です。この石油資源開発は低PBR企業の常連なので、本講の第3節で個別に検討することにします。

　一方、赤字企業2社と石油資源開発以外の9社は、前期比で減益の企業ももちろんありますが、赤字決算ではありません。これらの9つの企業の2018年8月7日時点の株価は、中長期的にみると株価が割安な位置にあるといえます。これらのうち、国際石油開発帝石は国際優良企業群の低PBR銘柄にも該当しており、これも第3節で個別に検討することにします。

第2節　銘柄選別の手順と売買の戦略

　ここまでで解説したように、低PBR銘柄への中期投資の手順は、まず国際優良企業群と財務優良企業群のPBRの値を調べることから始めます。そして、PBRの値が国際優良企業群は市場平均のPBRの値（ここでは1.23倍）× 0.6 ＝「0.738倍」以下の銘柄を選びます。財務優良企業群は市場平均のPBRの値（ここでは1.23倍）× 0.5 ＝「0.615倍」以下の銘柄を選びます。

　2018年8月7日の時点では、国際優良企業は3社、財務優良企業は12社（もう少しで低PBR銘柄になるものも含む）が該当しました。

　次に、それらの銘柄の予想EPSの値が赤字ではないかどうかを見ます。赤

字のものはPBRの値が目標の値の半分以下（国際優良企業群は「0.738倍」の半分の0.369倍以下，財務優良企業群は「0.615倍」の半分の0.307倍以下）になるまで買いを見送ります。

　赤字企業を除外すると，2018年8月7日の時点では，国際優良企業は3社，財務優良企業は9社が該当しました。

　そこで，これらの企業のうちの4つをピックアップし，個別にその株価チャート（週足）を見ていきます。アベノミクスがスタートした直後の2013年1月以降の週足チャートを見て，比較的安値圏になっていれば買いです。まだ比較的安値圏になっていばければ，「買いのメド」になる株価を見つけておきます。

　それでは第3節で，2018年8月10日の時点における国際優良企業2社と財務優良企業2社（低PBRの順で1位の「石油資源開発」と，株価推移の周期がわかりやすい「ゼビオHD」）の週足チャート（図1〜図4）を見ながら，それぞれに簡潔なコメントを付してみます。

第3節　具　体　例

　では第3節で，個別銘柄の分析をしていきます。ここで行う個別銘柄の分析は，全て2018年8月における記述です。時間が経てば状況は変わってしまい，記述内容は陳腐化してしまうわけですが，それを恐れてしまうと，個別銘柄の分析には言及できなくなってしまうので，敢えて陳腐化を恐れずに論説することにしました。

　ここでは次の4つの銘柄について詳しく考察していきます。

［1］　国際石油開発帝石（1605）
［2］　新日鐵住金（5401）
［3］　石油資源開発（1662）
［4］　ゼビオHD（8281）

　今回，なぜこれらの4つの銘柄を選んだかについて簡潔に述べておきます。

［１］　国際石油開発帝石

　石油関連企業なので国策会社の色合いが強くて，つぶれることがなく安全性があるので，ここで検討対象とします。また，国際優良企業群の中で低PBRランキングが１位であることも検討対象とした理由です。

［２］　新日鐵住金

　日本における鉄鋼最大手企業であり，つぶれることがなく安全性があるので，ここで検討対象とします。また，国際優良企業群の中で低PBRランキングが２位であることも検討対象とした理由です。

［３］　石油資源開発

　国際石油開発帝石と同じく石油関連企業なので，つぶれることがなく安全性があるので，ここで検討対象とします。

　前期末（2018年３月期）は大赤字でしたが，経常利益は黒字でした。つまり特別損失で大赤字だったのです。そして，今期末（2019年３月期）は黒字ですし，財務優良企業群の中で低PBRの順位で１位であり，低PBRの常連企業なので，ここで検討対象とします。

［４］　ゼビオHD

　長期でみた場合の株価変動が典型的な周期性を持っており，2018年８月時点で安値なので，ここで検討対象とします。

　それでは以下で，これらの低PBR銘柄の４つの個別銘柄について具体的な分析をしていきます。

［１］　国際石油開発帝石（1605）

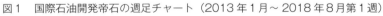
図１　国際石油開発帝石の週足チャート（2013年１月～2018年８月第１週）

(1) 売買の戦略

チャートを見て，安値圏と高値圏を確認し，次のように売買戦略を立てていきます。

・安値について —— 標準的な安値圏は1,000円前後。2016年7月第1週に735円の安値を付けているので，800円前後でのナンピン買いが適切であろう。

・高値について —— 2014年に1,600円台，2015年と2018年に1,500円台の高値があるが，標準的な高値圏は1,340円前後である。800円以下まで下がった時の高値は1,240円に留まっているため，ナンピン買いをした時には1,200円で一旦は売り，次の安値（1,000円）になるのを待って買う。

(2) この戦略による成果

・2013年6月第4週に1,000円で買い。
・2013年12月第4週に1,340円で売り。6ヶ月で34%の利益。
・2016年1月第2週に1,000円で買い。（2年と2週間待ち）
・2016年2月第4週に800円でナンピン買い。
・2016年12月第1週に1,200円で売り。11ヶ月と2週間で33.3%の利益。
・2017年5月第5週に1,000円で買い。（5ヶ月と4週間待ち）
・2017年11月第2週に1,340円で売り。5ヶ月と2週間で34%の利益。
・1,000円になるのを待つ。
・待機の期間は，約半年か約2年。
・保有期間は約半年か約1年。

［２］　新日鐵住金（5401）

図２　新日鐵住金の週足チャート（2013年1月～2018年8月第1週）

(1) 売買の戦略

・原則的な買い値は 2,000 円で，売り値は 3,000 円である。

・3,000 円で売った後に 2,450 円まで下がったら買うが，7 週間以内に 3,000 円まで上がらなかったら，トントン前後の株価で売り抜けて，2,000 円になるのを待って買う。

(2) この戦略による成果

・2012 年 12 月第 3 週に 2,000 円で買い。

・2013 年 5 月第 4 週に 3,000 円で売り。5 ヶ月と 1 週間で 50％の利益。

・2013 年 6 月第 1 週に 2,450 円で買い。（2 週間待ち）

・2013 年 7 月第 3 週に 3,000 円で売り。6 週間で 22.4％の利益。

・2014 年 10 月第 3 週に 2,450 円で買い。（1 年 3 ヶ月待ち）

・2014 年 11 月第 1 週に 3,000 円で売り。3 週間で 22.4％の利益。

・2015 年 8 月第 4 週に 2,450 円で買い。（9 ヶ月と 3 週間待ち）

・2015 年 10 月第 2 週に 2,450 円で売り。7 週間でトントンで売り抜け。

・2016 年 2 月第 2 週に 2,000 円で買い。（4 ヶ月待ち）

・2018 年 1 月第 1 週に 3,000 円で売り。1 年 10 ヶ月と 3 週間で 50％の利益。

・2018 年 3 月第 1 週に 2,450 円で買い。（2 ヶ月待ち）

・2018 年 4 月第 3 週に 2,450 円で売り。7 週間でトントンで売り抜け。

・2,000 円になるのを待つ。

・待機の期間は，2週間から1年3ヶ月まで，まちまち。
・保有期間は6週間から1年10ヶ月と3週間まで，まちまち。

［3］ 石油資源開発（1662）

図3－1　石油資源開発の週足チャート（2008年11月～2018年8月第2週）

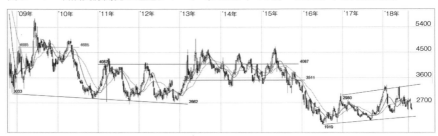

(1)　売買の戦略

　リーマンショック以降の10年間の株価推移を見ると，時期によってボックス圏が移動しているため，売買のレンジを一概には特定できない。そこでここでは，2016年7月以降の最新のトレンドについて分析し，今後の売買戦略を立てる。

図3－2　石油資源開発の週足チャート（2016年7月～2018年8月第2週）

・2018年8月以降の原則的な買い値は2,450円で，売り値は3,300円台であろうと予想される。図3－2のように，下値抵抗線は2本引くことができ，2018年8月以降，2,250円程度までの下落もあり得る。
買いは2本の下値抵抗線のところで，2回に分けて行う。

下値抵抗線と上値抵抗線は，緩やかな右肩上がりになっている。

(2) この戦略による成果

２本の下値抵抗線と上値抵抗線に基づいて売買した場合の成果は次のようになる。

- 2016 年 7 月第 1 週に 2,000 円で買い。
- 2016 年 12 月第 2 週に 3,000 円で売り。5 ヶ月と 1 週間で 50％の利益。
- 2017 年 6 月第 2 週に 2,200 円で買い。（6 ヶ月待ち）
- 2017 年 9 月第 1 週に 2,100 円で買い。
- 2018 年 1 月第 2 週に 3,200 円で売り。7 ヶ月で 48.8％の利益。
- 2018 年 3 月第 3 週に 2,350 円で買い。（2 ヶ月と 1 週間待ち）
- 2018 年 5 月第 3 週に 3,250 円で売り。2 ヶ月で 38.3％の利益。
- 2,450 円になるのを待つ。
- 待機の期間（下降サイクル）は，比較的短い。2018 年 8 月現在で，あと少し下がれば買い値になる。

［4］ ゼビオ HD（8281）

図4　ゼビオ HD の月足チャート（2008 年 10 月〜2018 年 8 月）

(1) 売買の戦略

- 原則的な買い値は 1,575 円で，ナンピン買いの株価は 1,370 円である。
- 原則的な売り値は 1,950 円（ナンピンなし）と 2,150 円（ナンピンあり）である。

すなわち，ナンピン買いをしなかった場合は1,950円で売ることとし，ナンピン買いをした場合は2,150円で売ることとする。「谷深ければ，山高し」の格言に従う。

(2) この戦略による成果

・2008年10月第2週に1,575円で買い。
・2009年2月第4週に1,370円でナンピン買い。
・2009年6月末日に2,150円で売り。8ヶ月と2週間で46％の利益。
　以上，ナンピンありの1回転目
・2009年12月第4週に1,575円で買い。（6ヶ月待ち）
・2010年4月第1週に1,950円で売り。3ヶ月と1週間で23.8％の利益。
　以上，ナンピンなしの1回転目
・2010年8月第4週に1,575円で買い。（4ヶ月と3週間待ち）
・2011年1月第3週に1,950円で売り。4ヶ月と3週間で23.8％の利益。
　以上，ナンピンなしの2回転目
・2011年3月第3週に1,575円で買い。（2ヶ月待ち）
・2011年3月第3週に1,370円でナンピン買い。
・2012年3月第4週に2,150円で売り。12ヶ月と1週間で46％の利益。
　以上，ナンピンありの2回転目
・2012年9月第1週に1,575円で買い。（5ヶ月と1週間待ち）
・2013年3月第1週に1,950円で売り。6ヶ月で23.8％の利益。
　以上，ナンピンなしの3回転目
・2014年10月第4週に1,575円で買い。（1年7ヶ月と3週間待ち）
・2014年11月第3週に1,950円で売り。4週間で23.8％の利益。
　以上，ナンピンなしの4回転目
・2016年5月第3週に1,575円で買い。（1年6ヶ月待ち）
・2016年6月第4週に1,370円でナンピン買い。
・2017年8月第1週に2,150円で売り。14ヶ月と3週間で46％の利益。

以上，ナンピンありの３回転目
・1,575 円になるのを待つ。
・待機の期間は，２ヶ月から１年７ヶ月と３週間まで，まちまち。
・保有期間は４週間から 14 ヶ月と３週間まで，まちまち。

　第 10 講では割安株への中期投資をみてきました。次の第 11 講では短期投資についてみていきます。

第11講　増益企業への短期投資の手法

第1節　基　本　編

　短期投資における投資対象決定の前提は，ズバリ，「**業績上方修正企業を狙う**」ということです。

　国際優良企業と財務優良企業の中でも，四半期決算において「業績」の上方修正を発表した企業だけを狙うことによって，株価が右肩上がりをすることが期待できます。このようにして投資対象を絞ることで，投資対象の収益性を確保するのです。

　また，業績の上方修正を発表した企業の株価というのは，「大幅な値下がりをしにくい」という特性を持ちますから，収益性と同時に，さらなる安全性も確保できるのです。

　なお，ここでいう「業績」とは「EPSの予想値」のことを指します。EPSとは「1株当たり純利益」です。

　もちろん，業績の上方修正を発表した時が株価のスッ高値（すこぶる高い株価）になる銘柄もあります。そのような高値づかみを避けるために，一定の選別基準を適用していくのですが，それについては順を追って詳しく解説していきます。ですからここでは大ざっぱに言ってしまいますが，やはり業績の上方修正を発表した企業の株価は，その後から右肩上がりをすることが期待できるのです。「良いことをした（＝業績が上方修正になった）企業の株は上がる」という，当たり前で素朴な感覚は，概ね正しいのです。

　一方で，株価というのは「森羅万象の事象を事前に織り込んでいくものだ」と考えられています。そういう意味ではたしかに，業績の上方修正という好材料は事前にある程度は株価に織り込まれていることもあります。しかし，四半

期決算の発表前の情報というのは,あくまでも「不確実な」情報です。ですからやはり,「発表されてからが本番」という場合が多いのです。

そして,インサイダー取引は法律で禁止されていますから,市場参加者は誰でも,ある企業が「良いことをした(=業績が上方修正になった)」という情報が公表されてからしか株を買えないのです。したがって,四半期決算発表の後から出てくるのが本格的な株価の反応なのだと考えるのが,短期投資の基本的なスタンスなのです。

では次に,「業績の上方修正」の度合いとしては,どのくらいが望ましいのかですが,これについてはズバリ「10%以上」という基準を設けました。一般的に機関投資家などが注目するのが「10%以上業績が上方修正になった」ということを要件としているからです。いわゆる「二桁増益」といわれているものです。

ではここで,ここまでの内容をまとめます。

投資対象を国際優良企業と財務優良企業だけに絞る
　　⟶　投資対象の安全性を確保する
投資対象をさらに「10%以上業績が上方修正になった企業」だけに絞る
　　⟶　収益性とさらなる安全性を確保する

さて,そこで問題となるのが,「『10%以上業績が上方修正になった企業』をどうやって見つけるのか」です。それについて次の第2節で詳しく解説します。

第2節　業績チェックリストの作成

「10%以上業績が上方修正になった企業」を見つけるには,「業績チェックリスト」を作成して,四半期決算発表をマメにチェックするしかないのです。これは,かなりめんどうな作業になるのですが,こういった「手間」を惜しんでしまっては,有望な投資機会は見つけられません。要するに,「楽をして儲か

る方法なんてものはない」のです。いくらかの手間がかかる方法だからこそ、本物の手法なのです。

　業績チェックリストのサンプルを表11-1にお示ししました。

第2部 会計情報に基づく株式投資の必勝法

表11－1 業績チェックリスト （サンプル）

Code	銘柄名	企業の属性	決算月	1Q	2Q	3Q	本決算	発表時刻	BPS	自己資本比率(%)	純資産簿価
9843	ニトリHD	財務優良	2	6月28日	9月27日	12月22日	3月28日		3,531	80.7	
7649	スギHD	財務優良	2	6月30日	9月29日	1月6日	4月11日		2,396	62.1	151,728
2685	アダストリア	財務優良	2	6月30日	9月29日	12月29日	4月4日		1,191	59.7	57,108
8155	三益半導体工業	財務優良	5	9月30日	12月27日	3月31日	7月14日		1,732	69.9	
8227	しまむら	財務優良	2	6月26日	10月2日	12月26日	4月3日		9,082	77.2	
9793	ダイセキ	財務優良	2	6月30日	10月2日	1月6日	4月6日		1,319	77.2	62,525
7453	良品計画	財務優良	2	7月5日	10月4日	1月5日	4月12日		5,721	69.6	
2659	サンエー	財務優良	2	7月4日	10月5日	1月5日	4月6日		3,192	76.4	
9787	イオンディライト	財務優良	2	7月5日	10月5日	1月11日	4月12日		1,700	64.3	93,456
8125	ワキタ	財務優良	2	7月7日	10月6日	1月6日	4月7日		1,690	77.7	
1377	サカタのタネ	財務優良	5	10月6日	1月12日	4月7日	7月13日		2,087	80.9	
4530	久光製薬	財務優良	2	7月7日	10月10日	1月13日	4月7日		2,724	81.1	
6432	竹内製作所	財務優良	2	7月11日	10月10日	1月13日	4月8日		1,260	72.3	60,926
3608	TSI HD	財務優良	2	7月10日	10月10日	1月13日	4月13日		1,070	67.7	111,546
2670	エービーシー・マート	財務優良	2	7月5日	10月11日	1月10日	4月11日		2,721	84.3	
9945	プレナス	財務優良	2	7月10日	10月11日	1月12日	4月10日		1,715	71.6	
7581	サイゼリヤ	財務優良	8	1月11日	4月12日	7月11日	10月11日		1,578	79.5	
3201	日本毛織	財務優良	11	4月12日	7月12日	10月12日	1月13日		1,141	62.1	85,032
3382	セブン&アイ・HD	国際優良	2	7月6日	10月12日	1月12日	4月6日		2,614	41.8	
9983	ファーストリテイリング	国際優良	8	1月12日	4月13日	7月13日	10月12日		7,174	52.2	
3593	ホギメディカル	財務優良	3	7月12日	10月13日	1月16日	4月12日	15:00	5,780	87.7	
3087	ドトール・日レスHD	財務優良	2	7月14日	10月13日	1月13日	4月14日		2,092	79.6	
8184	島忠	財務優良	8	1月6日	4月7日	7月7日	10月13日		4,154	83.0	
9602	東宝	財務優良	2	7月18日	10月16日	1月16日	4月14日		1,717	74.4	
6961	エンプラス	財務優良	3	7月20日	10月20日	1月25日	4月20日		4,001	90.6	
6999	KOA	財務優良	3	7月25日	10月20日	1月25日	4月20日		1,563	79.4	57,346

第11講 増益企業への短期投資の手法

2016年11月～2017年9月 1Q			EPS<予>の対前四半期増減益率	2017年2月～2017年12月 2Q			EPS<予>の対前四半期増減益率	2017年5月～2018年3月 3Q			EPS<予>の対前四半期増減益率
EPS<確>	EPS<予>	期待ギャップ		EPS<確>	EPS<予>	期待ギャップ		EPS<確>	EPS<予>	期待ギャップ	
170.9	613.2	70.4	0%								
	248.0										
	253.0										
193.4	1,047.5	-273.9	0%								
	116.5										
297.7	1,078.7	112.1	0%								
83.2	312.7	20.1	0%								
	203.6										
20.6	90.4	-8.0	0%								
43.9	221.1	-45.5	1%								
59.0	165.7	70.3	0%								
	29.3										
115.1	348.1	112.3	0%								
31.5	112.3	13.7	0%								
38.1	112.5	39.9	0%	62.6	148.0	-22.8	32%	109.7	148.0	-1.7	0%
38.0	200.1	-48.1	0%								
				953.6	980.7	926.5	—	1,177.9	980.7	589.8	0%
166.6	329.6	336.8	0%								
43.7	130.8	44.0	0%								
41.4	206.6	-41.0	0%	76.3	170.7	-18.1	-17%	124.9	170.7	-4.2	0%
67.3	178.1	91.1	9%								
78.4	218.8	94.8	0%								
27.2	—	—	—								

本書の投資法は，2015年に上梓した拙著「お金持ちになるための本」（ＰＨＰ研究所刊）で解説した投資法の進化版なので，業績チェックリストの中の「期待ギャップ」の定義については，拙著「お金持ちになるための本」の137頁と150頁をご参照下さい。この期待ギャップは，あまり重要ではなく，あくまでも業績，すなわち「予想EPSの値（以下，「EPS<予>」と記す）」が10％以上，上方修正になったかどうかをチェックすることが重要です。

この業績チェックリストは，表11－1を見ながら，各自でエクセルシートに作成することになりますが，作成が面倒な方は，私のホームページの有料会員（本塾生か準塾生）になっていただければ，会員専用画面メニューの「資料・リスト」のところからエクセルファイルでダウンロードできるようになっています。

表11－1は業績チェックリストの一部分のサンプルですが，私のホームページには対象企業の全てが掲載された一覧表を掲載しています。（有料の会員制で大変申し訳ございません。）

私のホームページは，「兜町大学教授の教え」で検索していただくか，次のＵＲＬにアクセスして下さい。

http://www.prof-sakaki.com/zemi/

対象企業は2018年7月の時点においては全部で262社ありますが，全てをチェックするのがタイヘンだという方は，対象企業262社の中でご自分が注目する企業をいくつかピックアップして，それだけをチェックするようにしてもよいと思います。

対象企業の数をあまり絞りすぎると，なかなか投資チャンスが見つかりにくくなりますので，なるべく多くの企業をチェック対象にした方がいいですが，数が多くなるとチェックするのが大変になるので，そのバランスは各自で調整して下さい。（私は毎決算期ごとに対象企業262社を全部チェックしています。）

表11－1の左から5列目～8列目には，「1Q，2Q，3Q，本決算」という欄があり，それぞれ今年または昨年度の各四半期決算の発表日が記入してありますが，より正しい四半期発表日は，無料で次のサイト（「トレーダーズ・ウ

ェブ」というサイト）で検索することができます。

http://www.traders.co.jp/domestic_stocks/domestic_market/kessan_s/kessan_s.asp

このサイトにアクセスしてから，パソコンのキーボードの「Ctrl」キーを押しながら「F」のキーを押すと，ページの左上に検索の窓が出てきます（Windowsの場合）。そこに企業名または銘柄コードを記入して「Enter」キーを押すと，調べたい企業の決算発表日が記載された行に飛びます。

私はこのようにして，対象企業の正確な決算日を事前に（各決算日の2週間前くらいに）ひとつひとつ調べています。この作業も結構めんどうですが，手間を惜しんでしまうと有望銘柄は発見できません。

なお，「業績」というのは「EPSの予想値」のことを指しており，この「EPSの予想値」はどこで調べるのかですが，これは無料で次のサイト（「野村證券決算短信」というサイト）で検索することができます。

http://www.nomura.co.jp/retail/stock/bs/

このサイトで，「銘柄名，銘柄コード」となっている記入窓に，銘柄名または銘柄コード（半角数字）を記入して，「この条件で検索」のボタンをクリックすると決算短信のリストが出てきます。

そこで一番新しい決算短信をクリックします。「EPSの予想値」は，決算短信の1頁目の下の方（または2頁目の最初の方）に記載されている「平成○年○月期の連結業績予想」という項目の「通期」の「1株当たり当期純利益」の値です。

「平成○年○月期」というのは，たとえば平成30年3月現在ですと，「平成30年3月期」ですし，平成30年4月下旬～5月中旬の決算発表以降ですと，「平成31年3月期」です。すなわち，現在進行中の決算期の期末における予想値ベースのEPSが，本書で注目する「EPSの予想値」です。

この値を業績チェックリストの「EPS＜予＞」の欄に記入し，「EPS＜予＞の対前四半期増益率」が10％以上になったらBINGO!! です。

ただ，BINGO!! でも，すぐに買うわけではありません。

業績すなわち「EPS の予想値」が 10％以上の増益予想になった企業は、あくまでも「投資対象候補銘柄」です。投資対象候補銘柄を発見したら、次のプロセスに移行します。次のプロセスは「評価点方式による投資対象の選定」です。

第3節　評価点方式による投資対象の選定と売買の戦略

［1］　評価点方式による投資対象の選定

EPS の予想値が 10％以上の増益予想になる企業というのは、表 11 − 1 のサンプルではたまたま 1 つだけですが、対象企業群の中でも実はけっこう数はあるのです。しかし、先にも書いたように、EPS の予想値の 10％以上の増益予想を発表した時点がスッ高値になる事例も散見されます。

そこでそういった高値づかみの事例を排除するために行う重要な作業が、これから説明する「評価点方式」による投資対象の選定です。この「評価点方式」の評価基準は次のようなもので、株価が割安なところに放置されているものを検出する機能があります。

なお、表中に出てくる「ROE」とは「株主資本利益率」の略称で、その計算式は「1 株当たり純利益（EPS）÷ 1 株当たり純資産（BPS）」です。

(1)　加点事項（評価点をそれぞれ + 2 点）

2点	PBR が 0.8 倍以下
2点	予想値ベース（以下、「＜予＞」と記す）の PER が 15.0 倍以下
2点	ROE＜予＞が 8％以上
2点	配当利回り＜予＞が 3％以上
2点	昨年来安値からの上昇倍率が 1.2 倍以下

(2) 追加の加点事項（評価点をそれぞれさらに＋2点）

2点	PBRが0.5倍以下
2点	PER＜予＞が10.0倍以下
2点	ROE＜予＞が16％以上
2点	配当利回り＜予＞が4％以上

(3) 減点事項（評価点をそれぞれ－3点）

－3点	PBRが1.0倍以上
－3点	PER＜予＞が20.0倍以上
－3点	ROE＜予＞が2％以下
－3点	配当利回り＜予＞が1.5％以下
－3点	昨年来安値からの上昇倍率が1.5倍以上

そして，この評価点方式による評価点の合計が「2点以上」のものと，逆に「－10点以下」のものを実際の投資対象とします。

そもそも，この評価点方式というのは，株価の割安度を判定するものです。評価点が高ければ高いほど，各種の指標を総合的に判断して株価が割安だ，というわけです。ですから，評価点が「2点以上」のものが投資対象となるというのは直感的にもわかりやすいでしょう。「一定以上の割安度があるから買い」というわけです。

一方で，「評価点が－10点以下」というのは，割安度から見た場合，かなり割安ではない水準です。しかし，過去の膨大な事例を検討した結果，この「評価点が－10点以下」というのも投資対象として適格であるということがわかったのです。

なぜ評価点がかなり低いのに，投資の成果は悪くないのか。最初は少し疑問でしたが，すぐに解答が見つかりました。この「評価点が－10点以下」の事例は，「成長株」の事例なのです。評価点が－10点以下の事例は，多くの事例において，予想値ベースのROEの値が8％以上です。PBR・PER・配当利回り・

昨年来安値からの上昇率といった各種の指標からみると、むしろ割高なのですが、評価点が－10点以下の事例はほとんどが、

1. ROEの値が高く（ROEの値が8％以上），
2. PBRの値が高い（PBRの値が1.0倍以上）

ということが特徴的です。ROEとPBRの値が高いという特徴から判断するに，これらは明らかに「成長株」です。

さて，このようなわけで，評価点方式による投資対象の選定基準は次の2つです。

A. 評価点が2点以上 ——— 割安株
B. 評価点が－10点以下 —— 成長株

すなわち，評価点が2点以上であれば，割安株として投資妙味のある事例であるということであり，評価点が－10点以下であれば，成長株として投資妙味のある事例であるということなのです。紙幅の都合上，データの掲載は割愛しますが，過去10年間の膨大なデータを分析した結果，評価点が2点以上のものと－10点以下のものは，高値づかみになる事例が非常に少ないということがわかっています。

そもそも本書の投資法では，国際優良企業と財務優良企業という優良な投資対象企業のうち「10％以上の増益予想を発表した企業」に投資対象を限定しています。

そうした場合，有望な投資対象を絞り込むことができるのですが，それと同時に懸念されることは，10％以上の増益予想を発表した時点で「すでにスッ高値になってしまっているのではないか」ということでした。そしてそれは実際に，いくつかの事例で散見されました。

そこで，この「高値づかみの危険」を極力排除するための基準が，先の「A」と「B」です。これらの基準を満たす事例は，高値づかみの事例数が非常に少ないのです。

次に，割安株について，より一層慎重に投資対象を絞り込む基準を追加します。それは，「10％以上の増益予想を発表した場合でも，前四半期比で経常利

益が横ばいか減益の場合は、投資対象からはずす」というものです。すなわち、割安株（評価点が「２点以上」のもの）については、「経常利益が増益のものに限る」という条件を付与します。この場合の「経常利益が増益」の率については「10％以上」でなくてもいいのですが、「経常利益」の額が増えていることが条件です。

なお、「経常利益」というのは、読んで字のごとく、企業の経常的な利益、すなわち、通常的な業務活動から生み出される利益のことです。これに対してEPS（１株当たり純利益）というのは特別損益（特別利益と特別損失という非経常的な損益）も含めた最終利益です。

10％以上の増益予想を発表した場合でも、最終利益であるEPSの値の手前で計算される「経常利益」の額が横ばいか減益になっている場合があるのです。つまり、経常利益の後に計上される「特別利益」という臨時的・一時的な利益が発生したおかげで、EPSが増益になったような場合がこれに当たります。

このように、「経常的な利益である経常利益は横ばいか減益だが、臨時的・一時的な利益のおかげで、EPSが増益になった」というような場合、EPSが10％以上の増益でも、株価があまり上がらないということが観察されました。ですから、そういった場合には投資対象からはずすという基準を追加します。

なお、以上で述べた「経常利益に関する選別基準」は、割安株だけに当てはまるもので、成長株には当てはまらないということが過去のデータの分析から明らかになりました。

ここで、投資対象銘柄の選別に関するこれまでの内容をまとめておきます。

国際優良企業と財務優良企業の中から、
↓
「10％以上の増益予想を発表した企業」に投資対象を限定する。
↓
評価点方式を用いて「高値づかみの危険」を排除するために、次の(1)と(2)に絞る。
　(1) 評価点が２点以上 —— 割安株（ただし、経常利益も増益になっているものに限る）

(2) 評価点が－10点以下 ── 成長株

［2］ 売買の戦略

ここでは，［1］で選別された銘柄への売買の基準についてみていきます。

(1) 買いの指し値の決定方法

評価点合計が
(1) 割安株 ── 2点を切る直前の株価
(2) 成長株 ── －10点ギリギリの株価

までが，原則的な買い値です。

＜一口コメント＞

決算発表直後に株価が高くなった場合でも，決算発表直前の株価からの上昇率が11％未満なら買います。（決算発表直前の株価からの上昇率が11％以上なら見送ります。）

(2) ナンピン買いの基準

最初の買い値から10％下がった株価でナンピン買いをします（ナンピン1号）。そして，最初の買い値から15％下がった株価でも再度ナンピン買いをします（ナンピン2号）。さらには，最初の買い値から20％下がった株価でも最後のナンピン買いをします（ナンピン3号）。

ナンピン買いの仕方は，割安株と成長株とで異なります。詳しくは次の第4節で解説します。

＜一口コメント＞

割安株・成長株ともに，一定の水準でナンピンしておくことで，負けそうな銘柄をトントンやプラスにもっていくことができます。

(3) ロスカット（損切り）の基準

買い値から25％下がったらロスカットします。また，四半期期限が来たら，

ロスでも売ります。

＜一口コメント＞

2013年1月1日以降の事例では，買い値から25％下がってしまってロスカットを実行した事例は皆無ですが，念のためにロスカット基準を決めておかなくてはいけないと思います。

ロスカットをするのは，主に「期限（次の四半期決算発表の直前）まで保有しても損益がマイナスの場合」です。

また，第4節以降で解説するように，期限を延長することによってロスカットを極力回避する手法もあります。これについても，第4節以降で詳しく解説します。

(4) 売りの基準

買い値から＋9％が売りの目標株価です。

ナンピン買いをした銘柄は，買いの平均単価から＋10％の水準で売ります。

売れなければ，四半期期限で売ります。（四半期期限が来たら，ロスでも売ります。）

＜一口コメント＞

目標の株価に達するか，四半期期限が到来したら売るという考え方です。（期限を延長する考え方については第4節以降で詳しく解説します。）

第4節　投資種類別の投資法

ここまでの記述は，2018年1月31日を最終執筆日とする前著「現役会計学教授が実践している　堅実で科学的な株式投資法」（PHP研究所刊）と同じものでしたが，ここからは，その後の半年間に進化した内容を披露していきます。

［1］　成長株への投資は高値づかみの恐怖感との戦い

上の第3節で解説したように，短期投資の手法としては，成長株への投資と割安株への投資の2種類があります。いずれも，評価点方式を採用することに

よって極力，高値づかみを排除しているのですが，それでもやはり成長株への投資の方は「高値づかみの恐怖感との戦い」になるというのが実状です。

ここでいくつか過去の事例をお示しします。

図5　成長株への投資の実例1　オービック（4684）の週足チャート

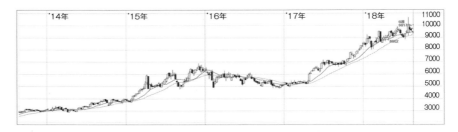

図6　成長株への投資の実例2　オリエンタルランド（4661）の週足チャート

これら2つのチャートはともに，短期投資の成功事例です。短期投資の戦略で実践すると，2018年4月下旬〜6月上旬または中旬が投資機会となっています。2つの事例とも1ヶ月半程度で一直線に9％の利益を確定できていますが，スタート地点の水準がかなり高いので，買い始めがとても怖いです。

このような事例は枚挙にいとまがありません。このように，成長株への投資は，高値づかみの恐怖感との戦いになってしまうのです。

そこでひとつの方法として，「成長株については，最初は少ししか買わずに，下がるのに比例して徐々にたくさん買っていく」というように決めてしまうと精神的に楽になりますし，投資成果も飛躍的に向上します。

もちろんその場合，決算発表直後から株価が一直線に上がって行ってしまう銘柄については，少ししか買えないことになりますが，もともと「怖くて買え

第 11 講　増益企業への短期投資の手法

ない」銘柄ですから,「最初は少しだけ買う」というわけです。

この戦略を採る場合,買う戦略は次のようにします。

最初に買う株価をたとえば 1,000 円とし,1,000 円で買う株数を 100 株とします。そうすると,最初の買い値から 10％下がった 900 円で買う「ナンピン 1 号」の株数は 200 株です。そして,最初の買い値から 15％下がったところで買う「ナンピン 2 号」の株数は 300 株です。さらには,最初の買い値から 20％下がったところで買う「ナンピン 3 号」の株数は 400 株です。(このように買う戦略を,以下で「1－2－3－4 で買う」と書きます。)

このように,最初は少なめに買っておき,下がるごとに買う株数を増やす方法を採ることで,高値づかみのリスクをある程度回避できるのです。また,この「1－2－3－4 で買う」戦略を採ることで,株価が下がった場合の最終的な利回りを「1－1－1－1 で買う」よりも引き上げることにつながります。このことについても,具体的な数字を当てはめて説明します。

最初に買う株価をたとえば 1,000 円とます。「1－2－3－4 で買う」戦略ですと,1,000 円で買う株数を 1,000 株とすれば,(最初の買い値から 10％下がった) 900 円で買う「ナンピン 1 号」の株数は 2,000 株です。そして,850 円で買う「ナンピン 2 号」の株数は 3,000 株です。さらには,800 円で買う「ナンピン 3 号」の株数は 4,000 株です。そうすると,買い値の平均値は,(1,000 円 × 1,000 株 + 900 円 × 2,000 株 + 850 円 × 3,000 株 + 800 円 × 4,000 株) ÷ 10,000 株で「855 円」になります。

一方,「1－1－1－1 で買う」戦略ですと,1,000 円で買う株数を 2,500 株とすれば,900 円で買う「ナンピン 1 号」の株数も 2,500 株で,850 円で買う「ナンピン 2 号」の株数も 2,500 株で,800 円で買う「ナンピン 3 号」の株数も 2,500 株です。そうすると,買い値の平均値は,(1,000 円 × 2,500 株 + 900 円 × 2,500 株 + 850 円 × 2,500 株 + 800 円 × 2,500 株) ÷ 10,000 株で「887.5 円」になります。

このように,「1－2－3－4 で買う」戦略を採ると,買い値の平均値が 32.5 円引き下げることができるので,「1－1－1－1 で買う」よりも最終的な利回りを引き上げることになるのです。

一方，この戦略の短所は，最初に買う株数が少ないため，「下がらずに上がっていく銘柄について，その収益額が少なくなる」という点に尽きます。しかし，これは仕方がないこととして受け入れなければならないと思います。この［1］のタイトルにもあるように，「成長株への投資は，高値づかみの恐怖感との戦い」でもありますので，最初からたくさん買ってしまうのはリスクが高すぎる感じが否めないのです。

その代わり，割安株（なかでもとりわけ，次の［2］で解説する「安心割安株」）でしっかり稼げばいいと思います。

［2］「安心割安株」と「通常割安株」という概念

第3節の［1］で解説したように，本書では「割安株」を「本書で解説した評価点が2点以上のもの（ただし，経常利益も増益になっているものに限る）」と定義しました。ここではその「割安株」をさらに2種類に分類します。それが「安心割安株」と「通常割安株」です。

(1) まず，「安心割安株」を定義します

「安心割安株」は「PBRの値が0.75倍以下または配当利回りが2.4％以上」の銘柄と定義します。「PBRの値が0.75倍以下」というだけでも「低PBR型」として，また，「配当利回りが2.4％以上」というだけでも「配当重視型」として「安心割安株」に該当します。もちろん，両方に該当していれば「低PBR&配当重視型」として「安心割安株」に該当します。

この定義において，なぜPBRの値を「0.75倍以下」にしたのか，また，配当利回りの値を「2.4％以上」にしたのかについて簡潔に理由を述べます。

この定義においてPBRの値を「0.75倍以下」にしたのは，「最初の買い値から株価が20％下がった時にPBRの値が0.60倍以下になるから」です。第10講（貸借対照表からみた割安株への中期投資の手法）でも述べたように，「PBRの面から見て割安である」といえるのは，株価が「PBRの値で0.60倍以下」の水準にある時です。（もちろん，この「0.60倍以下」というのは時期によっていくらか上下し

ますが，ここでは概算で，「株価がPBRの値で0.60倍以下の水準にあれば，PBRの面から見て割安である」と定義します。)

このように，「株価が20％下がった時にPBRの値が0.60倍以下」ということから割り返して，「PBRの値が0.75倍以下」というのを低PBR型の「安心割安株」の基準にしました。

なお，本書における投資法では，株価の下落率は「最大でも25％未満」と考えています。実際に，過去10年分のデータを精査した結果，本書における投資法の基準を満たしている投資の事例では，株価の下落率は「最大でも25％未満」だったからです。そこで，ここでは「最大級」の下落率を「20％」と考えて，そのくらいまで下がった時（下落率が「20％」になった時）にも安心して保有し続けられるということを「安心割安株」の定義の底流としました。

次に，この定義において配当利回りの値を「2.4％以上」にした理由ですが，これもPBRの時と同じような構造です。配当利回りの値は，銘柄や時期によってまちまちではありますが，概算でいいますと「3.0％以上」あれば，配当利回りの面から見て割安であるといえます。

そしてここでも，「最初の買い値から株価が20％下がった時に配当利回りが3.0％以上になる」ということから割り返して，「配当利回りの値が2.4％以上」というのが配当重視型の「安心割安株」の基準になるというわけです。

「安心割安株」をこのように定義したのは，「**株価が20％下がった時点においては，PBRの面または配当利回りの面から見て割安水準なので，売る（＝ロスカットする）必要がなく，『安心して』保有し続けられる**」というのが唯一にして最大の根拠です。

そして，第9講と第10講で解説したように，PBRの面からみて割安な銘柄は，投資期間が3ヶ月以上1年くらいまでの中期投資に該当し，配当利回りの面から見て割安な銘柄は，投資期間が半年以上2年くらいまでの長期投資に該当します。ですから，短期投資で買い始めたのだが，株価が下がってしまって投資期限の3ヶ月が経っても損益がマイナスになっていたとしても，**「安心割安株」であれば売る（＝ロスカットする）必要がなく，割安水準なので『安心して』保**

有し続けられるというわけです。

これならば安心して買えますね。

ですから，この「安心割安株」は［1］で解説した成長株とは違って，「1－1－1－1で買う」戦略で臨めばいいと考えています。成長株と違って,「安心割安株」は高値づかみの不安が非常に少ないからです。また,「ナンピン3号」の出動回数も成長株の6割程度です。「ナンピン3号」の出動回数とその比率は，成長株が109事例中5回（4.6％）であるのに対して，安心割安株は71事例中2回（2.8％）でした。

こういったことから，安心割安株については，最初の方で資金稼働率の高い「1－1－1－1で買う」戦略を採択するのが適切でしょう。

(2) 残りの割安株が「通常割安株」です

「通常割安株」は，「割安株ではあるのですが，『安心割安株』には該当しないもの」と定義します。すなわち，割安株ではあるが，「PBRの値が0.75倍以下ではなく，かつ，配当利回りが2.4％以上でもない」銘柄ということになります。別言すれば，「割安株ではあるが，PBRの値が0.75倍を超えていて，かつ，配当利回りが2.4％未満である」銘柄群です。

この「通常割安株」への投資戦略は，成長株と同じで，「1－2－3－4で買う」戦略で臨みます。この「通常割安株」は割安株ではあるのですが,「PBRの値が0.75倍を超えていて，かつ，配当利回りが2.4％未満である」ため，株価が20％下がった時に「割安株としての確固とした裏付け」がないので，成長株と同じ「1－2－3－4で買う」戦略を採択することとしました。

次にこの節の最後で，第11講において解説した短期投資の手法を用いた場合の戦績を集計したものを表11－2にお示しします。

［3］ 究極の勝率「8割超え！」

短期投資の手法を用いた場合の戦績を表11－2に集計しました。

表11-2 短期投資の戦績

	戦	KO	勝ち	負け	引分		勝率	KO率	負け率	引分率
成長株	109	79	11	8	11		82.6%	72.5%	7.3%	10.1%
通常割安株	46	31	8	1	6		84.8%	67.4%	2.2%	13.0%
安心割安株	71	56	5	2	8		85.9%	78.9%	2.8%	11.3%
合計	226	166	24	11	25	平均	84.1%	73.5%	4.9%	11.1%

※成長株と通常割安株は「1-2-3-4で買う」戦略
※安心割安株は「1-1-1-1で買う」戦略

　この戦績の分析対象期間は2013年1月1日から2018年3月31日までの5年3ヶ月で，全体の事例数は226事例でした。

　「KO」というのは，次の四半期決算が到来するよりも前に9％または10％の利益を確定させて売却できた事例で，「勝ち」というのは，買ってからおよそ3ヵ月後に公表される次の四半期決算が到来した時点で売却して＋2％以上の利益が出た事例です。「負け」というのは，次の四半期決算が到来した時点で，－2％以上の損失の状態で終わった事例です。また，「引分」というのは次の四半期決算が到来した時点で売却して＋2％未満－2％超の損益が出た事例です。

　全体の226事例の中で「負け」で終わった事例は11事例しかありませんでした。その比率は全体の事例数に対して「4.9％」なので，およそ20事例に1事例しか負けないということです。

　肝心の勝率ですが，全体で「84.1％」ととても高く，いわゆる「十中八九」は勝てるということになります。これでも株式投資としては充分に良好な成果なのですが，損切りというのは，やはり極力なくしたいものです。そこで，第5節と第6節で，「損切り知らずの投資法」と題して，短期投資でうまくいかなかった場合でも，極限まで損切りを回避できる手法について解説していきます。

第5節　損切り知らずの投資法1
　　　　中期投資・長期投資へ切り替えちゃいます！

［1］　安心割安株に関する損切り知らずの投資法

　前節の最後に，「次の四半期決算が到来した時点で，－2％以上損失の状態（＝「負け」）で終わった事例は11事例」だったと書きました。それに加えて，「引分」の中でも±0％以下－2％までの損失の状態で終わった事例が5事例ありましたので，±0％以下の「損失」の状態で終わった事例は全部で16事例でした。

　その損失の16事例の中には，「負け」から2事例，「引分」から2事例の計4事例の「安心割安株」がありました。

　第5節では，この「安心割安株が±0％以下の損失の状態で終わった4事例」について，損切りを回避する手法を解説していきます。

　なお，「成長株」が±0％以下の「損失」の状態で終わった事例は全部で10事例，「通常割安株」が±0％以下の「損失」の状態で終わった事例は全部で2事例でした。これらの12事例については，第6節で検討していきます。

　さて，「安心割安株」が±0％以下の「損失」の状態で終わった場合にはどうするかですが，先に結論を書きます。

　「安心割安株」が±0％以下の「損失」の状態で終わった場合には，**中期投資または長期投資に切り替えてしまっても問題がない**のです。

　「安心割安株」というのは，もともとPBRの値が低い（低PBR型）か，配当利回りの値が高い（配当重視型），またはその両方に該当する銘柄群です。ということは，「安心割安株」の株価が下落している時には，その株価は低PBRの状態にあるか，高配当利回りの状態にあるか，またはその両方に該当しているのです。ですから，安心して中期投資または長期投資に切り替えてしまえばいいのです。

　低PBRの状態にある銘柄は中期投資にも適しているので，無理に短期（3ヶ月程度まで）で売却する必要はないのです。また，高配当利回りの状態にある銘柄は長期投資にも適しているので，やはりこれも無理に短期（3ヶ月程度

まで）で売却する必要はないのです。

「安心割安株」については，短期投資でうまくいかなかった場合には，「銘柄選択が間違っていたのではなく，投資期間の選択が間違っていただけだ」と考えるのです。ですから，無理に損切りするのではなく，頭を切り換えて，中期投資または長期投資に切り替えた上で，しっかりとした利益を狙うべく仕切り直した方がいいのです。これは，いわゆる「塩漬け」を正当化する言い訳とは全く違うものであり，極めて正統な「投資期間の変更」なのです。低PBRまたは高配当利回りの状態にある「安心割安株」だからこそ正当化される期限の延長なのです。

このように考えて，期限を取っ払って，短期投資から中期投資または長期投資に切り替えることによって，短期投資では「損失」の状態で終わった「安心割安株」の4つの事例は全て良好な投資成果を得ることに成功しています。表11-3に「短期投資で損益がマイナスの事例について，売却の期限を延長した結果の分析」をお示ししました。

表11-3 短期投資で損益がマイナスの事例について，売却の期限を延長した結果の分析（安心割安株版）

Code	銘柄名	決算発表日	次の決算発表日（期限）	決算発表直後の株価	ナンピン1号(-10%)	ナンピン2号(-15%)	ナンピン3号(-20%)	最初の期限の損益率	戦績	保有を延長した次の四半期における業績の推移	切り替えによる成果	最初の買いから売却までの月数	最終利回り（配当分除く）
7267	本田技研工業	2017/2/3	2017/4/28	3,551	3,196	3,018	—	-0.7%	引	前四半期比-2.8%の減益発表	配当重視型に切り替えて，最初の買いから10.5ヶ月後に大成功（19%超の利回り）	10ヶ月半	19.8%
6222	島精機製作所	2015/5/1	2015/7/31	2,148	1,933	1,825	1,718	-1.8%	引	前四半期比変わらず	低PBR型に切り替えて，最初の買いから1年後に成功（15%超の利回り）	12ヶ月	15.4%
8281	ゼビオHD	2014/5/9	2014/8/1	1,917	1,725	1,629	—	-2.9%	負	前四半期比-25.6%の減益発表	低PBR型に切り替えて，最初の買いから8ヶ月後に成功（16%の利回り）	8ヶ月	16.1%
6413	理想科学工業	2013/11/6	2014/1/31	1,098	—	—	—	-6.8%	負	前四半期比変わらず	低PBR型に切り替えて，最初の買いから4ヶ月後に成功（9.3%の利回り）	4ヶ月半	9.3%

注1 「1-1-1-1」で買っていく。斜体の株価は期限延長後の買い値
注2 期限を延長した場合も，ナンピンの株価は従前のものを維持する。

2013年1月1日から2018年3月31日までの5年3ヶ月で，「安心割安株」

の事例数は71事例で，その中で「負け」（＝買ってからおよそ3ヶ月後に次の四半期決算が到来した時点で，－2％以上の損失の状態で終わった事例）は2事例，「引分」の中でも買ってからおよそ3ヶ月後に次の四半期決算が到来した時点で，損益が0％～－2％の状態で終わった事例が2事例の計4事例しかありませんでした。そこで，その4事例をひとつひとつ簡潔に概観していきます。

① **本田技研工業（7267）**

この銘柄への2017年2月3日からの投資は，安定高配当型の長期投資に切り替える事例として典型的なものなので，本節の［3］で詳述します。

② **島精機製作所（6222）**

この企業は2015年5月1日に好決算を発表したので，翌営業日の5月7日に2,148円で買い始めましたが，次の決算発表日である同年7月31日には1,933円でした。7月31日までにナンピン2号までの買いを入れており，7月31日の時点で買い値の平均値は1,969円です。1.8％のマイナスということで，損失が少ないので7月31日の期限でロスカットしてもいいのですが，1,933円でPBRの値を計算すると「0.675倍」で，低PBRの状態です。（当時のBPSの値は2,863円でした。）

7月31日の期限の時点でPBRの値がかなり低い上に，チャート的にみても明らかに安値圏ですので，投資のスタンスを中期投資に切り替えて，保有の延長を決定します。

そして次の決算発表直後から株価が急落したので8月4日に1,718円でナンピン3号を発動します。この時点で買い値の平均値は1,906円まで引き下げられます。中期投資の目標株価は2013年以降の株価チャートから判断して2,200円とします。2,200円というのは，2013年10月や2014年12月から2015年6月までに何回か付いている高値なので無理のない目標株価です。

その後，最初の買い（2015年5月7日）からおよそ1年後（低PBR型の中期投資に切り替えてからおよそ9ヶ月後）の2016年5月10日に2,200円が付き，中期投資に切り替えたことで一定の成功を収めます。（15.4％の利回りです。）

③　ゼビオHD（8281）

この銘柄は，低PBR型の中期投資の典型的な銘柄ですので，次の［2］で詳述します。

④　理想科学工業（6413）

この企業は2013年11月6日に好決算を発表したので，翌営業日の11月7日に1,098円で買い始めましたが，次の決算発表日である2014年1月31日には1,023円でした。2013年11月7日から2014年1月31日までの最安値は1,001円なので，ナンピン1号を発動する寸前のレベルまでしか株価が下がらなかったためナンピン買いをすることもなく，株価はジリ安を続けてきました。

2014年1月31日の時点で評価損益は－6.8％です。この時点の株価（1,023円）でPBRの値を算出すると「0.358倍」です。（当時のBPSの値は2,858円でした。）

2014年1月31日の期限の時点におけるPBRの値が非常に低いので，投資のスタンスを中期投資に切り替えて，保有の延長を決定します。

中期投資の目標株価は2013年以降の株価チャートから判断して1,200円とします。2013年5月に1,174円，同年8月に1,233円の高値が付いていますし，1,200円でPBRの値を算出すると「0.420倍」で，まだまだ上値の余地がありそうなので，1,200円というのは無理のない目標株価だと考えられます。

その後，最初の買い（2013年11月7日）からおよそ4ヶ月半後（低PBR型の中期投資に切り替えてからおよそ1ヶ月半後）の2014年3月24日に1,200円が付きますので，そこで売ります。中期投資に切り替えたことで一定の成功を収め，4ヶ月半で9.3％の利回りを実現できます。

それでは以下で，「中期投資に切り替えてしまう事例」としてゼビオHDを，「長期投資へ切り替えてしまう事例」として本田技研工業を例として，詳しく解説していきます。

［2］ 中期投資に切り替えてしまう事例
　　　 ゼビオ HD（8281）を例として

　この企業は 2014 年 5 月 9 日に好決算を発表したので，翌営業日の 5 月 12 日に 1,917 円で買い始めましたが，次の決算発表日の前日（2014 年 7 月 31 日）まで株価は 1,800 円台後半〜 2,000 円台前半（− 3 %〜＋ 6 %）という狭いレンジで上下するに留まりました。2014 年 7 月 31 日の終値は 1,862 円で，買い値からの下落率は 2.9 %しかないので，ここで手じまってロスカットしておくのが無難なのでしょうが，この株価（1,862 円）で PBR の値は「0.735 倍」なので，なかなか損切りもしにくい「中途半端に割安」な水準になっています。（当時の BPS の値は 2,534 円でした。）

　次の決算発表日である 2014 年 8 月 1 日は場中に決算発表があったようで，8 月 1 日の寄り付きは 1,875 円でしたが「− 25.6 %という大幅な減益発表」を受けて，終値は 1,758 円まで急落しています。

　上にも書いたように，この決算発表の前日（2014 年 7 月 31 日）に 1,862 円近辺でロスカットを断行しておけば，このような急落に見舞われることはなかったのですが，このような結果になることは事前にはわかりませんので，ロスカットを断行できないということも充分に考えられます。ですから，以下ではロスカットを断行できなかったことを前提として，その後の対処を考えていきます。

　1,758 円で PBR の値を算出すると「0.694 倍」です。PBR の値が 0.6 倍台になっているることと，チャート的に安値圏に突入していることから，低 PBR 型の中期投資に切り替えて，保有を延長することを決定します。図 7 の週足チャートにお示しするように，2013 年 1 月 1 日以降は 1,680 円が底値圏になっています。

図 7　ゼビオ HD の週足チャート（2013 年 1 月 6 日〜 2014 年 8 月 8 日）

そしてここでもっと長期の株価チャートに目を転じます。この銘柄の2008年9月以降の月足チャートを図8にお示しします。

図8　ゼビオHDの月足チャート（2008年9月1日〜2014年8月8日）

2014年8月1日の時点で，リーマンショック以降の株価推移を見てみますと，このように，2本の下値抵抗線が引けます。高い方の下値抵抗線が1,680円近辺で，低い方の下値抵抗線が1,440円です。2014年8月1日の時点で1,758円まで下がっていますので，高い方の下値抵抗線まではあと80円弱しかありません。

ですから，今後の株価推移として，1,680円近辺で下げ止まってくれることを願いつつ，もしかしたら低い方の下値抵抗線である1,440円まで下がることも織り込んで，中期的に（保有期間を3ヶ月〜1年くらいで）構えて，安値で買っていき，高値を待つことにします。「安値で買う」というのは，最初の買い値（1,917円）の10％下の株価（1,725円）でナンピン1号を，そして最初の買い値の15％下の株価（1,629円）でナンピン2号を，最後に20％下の株価（1,533円）でナンピン3号をそれぞれ発動させることを想定しておきます。

「高値を待つ」という場合の「中期投資の売りの目標株価」ですが，2008年9月以降の月足チャート（図8）から判断して「2,040円前後」とします。2,040円前後の高値は過去に何度も付いていますし，2,040円でPBRの値を算出すると「0.805倍」ですから，2,040円前後というのは無理のない目標株価だと考えられます。

そして，2014年8月4日に1,693円まで下がりますので，最初の買い値（1,917円）の10％下の株価（1,725円）でナンピン1号を，同月6日に1,628円まで下がりますので，15％下の株価（1,629円）でナンピン2号をそれぞれ想定通りに発動します。この時点で買い値の平均値は1,757円まで引き下げられます。安心割安株の場合，ナンピン買いの株数は「1－1－1－1で買う」こととします。

その後，同年10月24日に1,537円という最安値を付けて株価は反騰に転じます。ナンピン3号の株価（最初の買い値である1,917円の20％下の1,533円）まであと少しというところで大底を付けています。結局，上の下値抵抗線（1,680円）は割り込みましたが，下の下値抵抗線（1,440円）までは下がりませんでした。

そして，最初の買い（2014年5月12日）からおよそ8ヶ月後（低PBR型の中期投資に切り替えてからおよそ5ヶ月半後）の2015年1月20日に2,054円が付きますので，その日に2,040円で売ります。短期投資では損失の状態でしたが，中期投資に切り替えたことで成功を収め，およそ8ヶ月で16.1％の利回りを実現できます。中期投資に切り替えた時（2014年8月1日）の四半期決算発表では，業績の大幅な下方修正が出て株価が急落しましたが，慌てることなく「低PBRと株価チャート」を根拠に中期で構えれば，結果正解ということになるというわけです。

なお，この銘柄については，2018年8月の時点においても，ここで述べた株価のボックス圏が継続しています。この銘柄の2008年9月～2018年8月の月足チャートを図9にお示しします。

図9　ゼビオHDの月足チャート（2008年9月1日～2018年8月24日）

2008年9月～2018年8月の10年間で観ても，先ほどと同じように，下値抵抗線は1,440円で，上値抵抗線は2,040円です。解釈の仕方によっては，ボ

ックス圏が右肩上がりになっているともとれますが，いずれにしましても「1,440 円～1,680 円」のところは安値圏であると言えますし，じっと待っていれば少なくとも「2,040 円」までは上がるでしょう。さらには，強気で考えてしまえば「2,400 円以上」を視野に入れることもできます。（「2,400 円以上」という株価は 2013 年・2015 年・2018 年に付いています。）

最新の決算発表の 2018 年 5 月 11 日の時点で BPS の値は 2,666 円なので，これに基づく PBR の値で言えば，「1,440 円～1,680 円」は「0.54 倍～0.63 倍」となりますので，明らかに安値圏です。ですから，この銘柄の株価が 1,680 円以下の水準にある時は「買いではあっても，決して売りではない」というわけです。

また，高値の「2,040 円」も，PBR の値で言えば「0.765 倍」ですから，決して高望みではありません。ですから，「2,040 円」前後までは売るのを待つのが適切です。（強気の「2,400 円以上」は PBR の値が「0.90 倍以上」となりますから，やや高望み感はありますが，それでも無理のある高値ではありません。）

［3］ 長期投資へ切り替えてしまう事例
　　　本田技研工業（7267）を例として

この企業は 2017 年 2 月 3 日に好決算を発表したので 3,551 円で買い始めましたが，次の決算発表日である同年 4 月 28 日には 3,232 円でした。最初の買い値からは 10％程度下落した水準です。4 月 28 日までにナンピン 1 号と 2 号の買いを入れているので買い値の平均値は 3,255 円まで引き下げられていますが，1 株当たりで 20 円程度のマイナスという状況で次の決算発表日を迎えます。

4 月 28 日に公表された決算発表で，配当の予想額が 96 円（若干の増配）と発表されました。当日の終値である 3,232 円で配当利回りを計算するとおよそ 3.0％になるので，この時点で「高配当利回りを根拠に買う長期投資」に該当していることが判明します。そこで，投資のスタンスを配当重視型の長期投資に切り替えて，保有の延長を決定します。「長期投資では買いなのに，短期投資では売り」というのは矛盾するので，売るのは手控えて，投資のスタンスを

長期投資に切り替えるのです。

　ちなみに，4月28日に公表された決算発表では，予想EPSの値が前四半期比で−2.8％の減益と発表されましたが，長期投資の場合はその程度の減益は悪材料視する必要はなく，むしろ配当予想額の増配を下支えに買い進むべきところです。長期投資に思考を切り替えた以上は，目先の増減益にとらわれることなく，どっしりと構えます。

　なお，4月28日に保有の延長を決定した後では，10日後の5月8日に（買い値の平均値である）3,255円を超えますので，トントンで売却するのであれば，ここで売り抜けるということもできます。しかし，すでに長期投資に切り替えたので，長期投資の目標株価に達するまで長期保有をすることにします。

　長期投資の目標株価は（第9講で解説したように，）「結果的な底値 × 目標配当利回り（3.0％）の10倍の利回り」であり，この銘柄の場合は結果的な底値が3,000円（2017年8月18日）なので，（3,000円 × 1.30 =）3,900円となります。5月8日に3,265円で売り抜けてしまうよりも，もっと時間をかけて3,900円を狙った方がいいでしょう。

　その後，最初の買い（2017年2月6日）からおよそ10ヶ月半後（長期投資に切り替えてからおよそ7ヶ月半後）の2017年12月17日に3,900円が付きますので，ここで売ります。長期投資に切り替えたのは大成功を収めます。10ヶ月半で19.8％の利回りです。

　では次の第6節で，成長株と通常割安株に対する「損切り知らずの投資法」について解説していきます。

第6節　損切り知らずの投資法2
〜短期投資で失敗した事例でも期限を6ヶ月まで延長すれば，損切りは回避できます〜

　成長株と通常割安株についても，安心割安株と同様に2013年1月1日〜2018年3月31日までの期間における損失の事例について徹底解析していきます。

表11-2を再度ご覧下さい。

成長株は負けが8事例で引分が11事例ですが，引分の11事例のうちでマイナスで終わった「損失」の事例数は2事例です。つまり，成長株は総数が109事例で，そのうちマイナスで終わったのは全部で10事例です。

通常割安株は負けが1事例で引分が6事例ですが，引分の6事例のうちでマイナスで終わった「損失」の事例数は1事例です。ですので，通常割安株は総数が46事例で，そのうちマイナスで終わったのは全部で2事例になります。

これらの12事例についてまとめたものを表11-4にお示ししました。最初に結論を明示しておきます。

＜結論＞

成長株と通常割安株については，**期限をもう1四半期延長することで，1事例の例外を除いて，損益トントンまでは回復できる。**

第2部　会計情報に基づく株式投資の必勝法

表11-4　短期投資で損益がマイナスの事例について，売却の期限を延長した結果の分析（成長株版と通常割安株版）

No.	Code	銘柄名	投資種別	決算発表日	次の決算発表日	その次の決算発表日（延長した期限）	5年以上来高値圏	ナンピン1号(-10%)	ナンピン2号(-15%)	ナンピン3号(-20%)	最初の期限の最終損益率	戦績
1	6816	アルパイン	成長株	2017/10/30	2018/1/30	2018/4/26	上場来高値圏	—	—	—	-3.0%	負
2	4548	生化学工業	成長株	2017/5/12	2017/7/31	2017/11/7		—	—	—	-3.0%	負
3	2815	アリアケジャパン	成長株	2016/5/12	2016/8/5	2016/11/9	上場来高値圏	5,841	5,516	5,192	-10.2%	負
4	4733	オービックBC	成長株	2015/10/21	2016/1/27	2016/4/25	上場来高値圏	5,877	5,550	5,000（注3）	-3.4%	負
5	8113	ユニ・チャーム	成長株	2015/2/12	2015/5/8	2015/8/7	上場来高値圏	2,925	2,762	2,600	-3.0%	負
6	8035	東京エレクトロン	成長株	2013/10/29	2014/1/30	2014/4/28		—	—	—	-1.5%	引
7	6806	ヒロセ電機	成長株	2013/10/31	2014/1/31	2014/5/8	6年来高値圏	13,680	—	—	-4.5%	負
8	8035	東京エレクトロン	成長株	2013/4/30	2013/7/30	2013/10/29		4,365	4,123	—	-6.6%	負
9	6146	ディスコ	成長株	2013/5/9	2013/8/8	2013/11/7		5,940	5,610	5,280	-4.7%	負
10	6273	SMC	成長株	2013/5/15	2013/8/8	2013/11/8	13年来高値圏	20,700	19,550	—	-1.5%	引
1	3201	日本毛織	通常割安株	2017/1/13	2017/4/12	2017/7/12		—	—	—	-1.6%	引
2	7270	SUBARU	通常割安株	2014/2/4	2014/5/9	2017/7/31	上場来高値圏	2,484	—	—	-9.0%	負

注1　成長株と通常割安株は1-2-3-4でナンピンする。斜体のナンピン株価は期限延長後に買ったもの。
注2　期限を延長した場合も，ナンピンの株価は従前のものを維持する。
注3　オービックBCのナンピン3号は，窓開けで下落した寄り付きの株価。
　　　2016年1月28日に，窓あけの5,000円で寄り付いたため，5,224円ではなく5,000円で買い。
注4　期限延長と同時に大幅安に見舞われたため，ナンピン3号まで出動した。その後の株価の戻りが非常に鈍かったので，最終の期限の最終損益率である「-3.4%」まで挽回したところで，3月15日に5,306円で売却。47日延長。

第 11 講　増益企業への短期投資の手法

延長時の買いの平均単価	延長期限内の最高値	左の最高値の損益率	期限を1四半期延長した結果	最初の期限日から回復までの日数	保有延長四半期における業績の推移
2,453	2,534	3.3%	1/31にトントン以上に回復。	1日	前四半期比＋25%の増益発表
1,834	1,978	7.9%	8/1にトントン以上に回復。	1日	前四半期比変わらず
5,549	6,060	9.2%	9/28にトントン以上に回復。	54日	前四半期比変わらず
5,493	5,350	-2.3%	(注4)	—	前四半期比変わらず
2,779	3,145	13.2%	理論通りナンピン3号まで発動すれば、5/25にトントン以上に回復。	17日	前四半期比変わらず
5,460	6,688	22.5%	2/12にトントン以上に回復。	13日	特損計上により赤字転落。経常は変わらず。
14,187	14,930	5.2%	3/17に13,680円でナンピン1号を発動して、4/1にトントン以上に回復。	60日	前四半期比＋10.7%の増益発表
4,325	5,690	31.6%	8/9に4,123円でナンピン2号を発動して、9/5にトントン以上に回復。	37日	前四半期比変わらず
5,643	6,330	12.2%	8/8に5,610円でナンピン2号、8/9に5,280円でナンピン3号を発動して、8/21にトントン以上に回復。	13日	前四半期比＋9.5%の増益発表
20,508	24,620	20.1%	8/9にトントン以上に回復。	1日	前四半期比＋1.5%の増益発表
878	960	9.3%	4/26にトントン以上に回復。	14日	前四半期比変わらず
2,576	3,064	18.9%	5/9に2,484円でナンピン1号を発動し、5/23にトントン以上に回復。	14日	前四半期比-2.7%の**減益**発表

では以下で，表11－4を見ながら解説していきます。

(1) 全体としていえること

期限を1四半期延長しても損益がトントン以上に回復しなかったのは，成長株と通常割安株の全ての事例（155事例）の中で，2015年10月21日に買い始めたオービックBCの事例ただ1例だけです。あとの11事例は期限を1四半期延長した期間内に損益トントンかそれ以上まで回復しています。つまり，「155分の1の例外」を除いて**99.4％の確率で「期限を1四半期延長すれば，損益がトントンかそれ以上に回復する」**ということです。

このことは非常に重要です。なぜ重要かというと，「99.4％の確率で，期限を1四半期延長すれば，損益がトントンかそれ以上に回復する」ということ（以下，「99.4％回復説」といいます。）がわかっていれば，買う時の不安，特に，株価が相対的に高いところに位置している銘柄を買う時の不安を払拭して，勇敢に買いを実行できるからです。

特に成長株に該当した銘柄を実際に買おうとする時に最大のネックになるのが「株価が相対的に高いところに位置しているので，怖くて買えない」という心理です。その時に，「99.4％回復説」の下支えがあれば，（「1－2－3－4で買う戦略」ともあいまって，）勇気を出して買えるようになります。

成長株の全事例（109事例）のうちでマイナスで終わった事例数は10例なので，最初の四半期の間だけでも90％はプラスで終われるのです。ですからそう考えれば，株価が高値圏に位置していても怖くはないはずなのですが，実際には怖くて買えないという心理がはっきりと頭をもたげます。その時に勇気を与えてくれるのが，この「99.4％回復説」だというわけです。

ここで留意しなければいけない点があります。それは，この「99.4％回復説」さえ信じていれば，「1－2－3－4で買う戦略」ではなく，最初からもっとたくさん買っても良さそうに思ってしまうのですが，それは間違いだ，ということです。なぜならば，期限を1四半期延長しただけで「99.4％」もの事例で株価が回復したのは，「1－2－3－4で買う戦略」が威力を発揮したからに

他ならないからです。ですからやはり、「99.4％回復説」があっても、「1－2－3－4で買う」という慎重な戦略が必要なのです。また、成長株の高値圏を買うのは「少し買っては、買い下がる」というように買う方が精神的にもずいぶん楽なのです。

以下では、表11－4の左の列からいくつかを順に解説していきます。

(2) 「5年以上来高値圏」について

表11－4の「5年以上来高値圏」の列にあるように、損益がマイナスで終わった12事例のうちの7事例までが、買う時点の株価が上場来高値圏か6年ぶりまたは13年ぶりの高値圏にあった銘柄です。このように、5年以上来の高値圏で買った事例は、やはり損益がマイナスで終わりがちであり、買う時に恐怖心も強いので、慎重に買い下がらなければなりません。これも「1－2－3－4で買う戦略」を支持する論拠のひとつです。

(3) 「ナンピン1号・2号・3号」について

通常割安株の事例数が2例しかありませんから一概には言えませんが、やはり成長株の方がナンピン買いをする回数が多いです。成長株の方が株価のボラティリティー（振れ幅）が大きいからでしょう。このことは経験的にも直感的にも納得できます。

(4) 「左の最高値の損益率」について

延長した四半期の期限内に付いた最高値の損益率については、低いものは－2.3％・3.3％・5.2％ですし、高いものは20.1％・22.5％・31.6％で、格差が大きいです。しかしながら、「どういった条件の銘柄が回復力が強い（上昇率が大きい）のか」は解明できません。

また、なぜオービックBCだけが期限を延長してもマイナスのままだったのかも解明できません。それがわかれば、最初からこの銘柄だけは買うのをやめればいいのですが、そんな神業は今のところ実現できていません。

(5) 「保有延長四半期における業績の推移」について

　保有を延長する場合にも，その時の最新の四半期（＝保有延長四半期）における業績がどうだったのかは重要な要因です。そこで，それについても調べました。

　12事例のうち4例が「増益発表」，6例が「前四半期比変わらず」，1例が「特損計上により赤字転落。経常は変わらず」，1例が「－2.7％の減益発表」となっています。

　このように，12事例のうち8例が「前四半期比変わらず」，またはそれよりも悪い（赤字転落か減益の）発表になっていますが，1例を除いて株価は回復しています。ですから，保有延長四半期における業績の推移については，意外にも「あまり考慮しなくてもよい」という結果になっています。

　なお，4例の「増益発表」のうちの2例は増益率が「＋25％」と「10.7％」なので，この時点から新規で短期投資を開始してもよいようにも思えますが，本書の投資法では，新規で短期投資を開始することはせず，挽回だけに専念します。2期目の連続増益は「株価にすでに織り込み済み」であることがよくあるからです。

第7節　損切り知らずの投資についてまとめます

　ここで，第5節と第6節で解説した「損切り知らずの投資」についてまとめておきます。重要なことなので，第5節と第6節のすぐ後でまとめておいた方がいいと思い，ここでまとめておきます。

［1］　安心割安株に関する損切り知らずの投資について

　第5節で，安心割安株について，損切りを回避する手法を解説しました。

＜結論＞

「安心割安株」が±0％以下の「損失」の状態で終わった場合には，**中期投資または長期投資に切り替えてしまっても問題がないのです。**

安心割安株については，短期投資でうまくいかなかった場合には，「銘柄選択が間違っていたのではなく，投資期間の選択が間違っていただけだ」といえるのです。ですから，無理に損切りするのではなく，頭を切り換えて，中期投資または長期投資に切り替えた上で，しっかりとした利益を狙うべく仕切り直した方がいいのです。

＜売り値について＞

安心割安株を中期投資または長期投資に切り替えた場合は，損益トントンで売り抜けるのではなく，中期投資または長期投資の「売りの目標株価」を定めて，その株価になるまで保有を継続します。

＜ナンピン戦略について＞

安心割安株は「1－1－1－1で買う」というナンピン戦略を基本とします。

［2］ 成長株と通常割安株に関する損切り知らずの投資について

第6節で，成長株と通常割安株について，損切りを回避する手法を解説しました。

＜結論＞

成長株と通常割安株については，過去のデータ分析の結果から，**期限をもう1四半期延長することで，1事例の例外を除いて，99.4％の事例で損益トントンまでは回復できる**といえます。

そして，この「99.4％回復説」がわかっていれば，株価が相対的に高いところに位置している銘柄を買う時の不安を払拭して，勇敢に買いを実行できます。

＜売り値について＞

成長株と通常割安株については，期限をもう1四半期延長した場合は，損益

トントンで売り抜けることを原則とします。どのくらいプラスになるまで戻るかは特定できないため，欲張らずに損益がトントンになるまで戻ったら売り抜けます。

＜ナンピン戦略について＞

成長株と通常割安株は「1－2－3－4で買う」というナンピン戦略を基本とします。最初は少なめに買って，安くなるほどたくさん買うという慎重な戦略です。

［3］ まとめとナンピン買いについて

以上の［1］と［2］の手法を採ることで，2013年1月1日から2018年3月31日までの5年3ヶ月の226事例のうち1事例を除いて全てがトントンかプラスまで戻っています。例外の1事例も3.4％のマイナスですから，あまり大きな損失にはなっていません。

ここで「ナンピン買い」について付言しておきます。

一説には「ナンピン買いはタブーだ」として，ナンピン買いをすることを戒める言説が流布していますが，私はそれには反対です。ナンピン買いがタブーなのは，買う時に何の根拠もなく高値を掴んでいる可能性があるような「行き当たりばったりの投資」をした場合にのみ当てはまることなのです。本書で紹介したような科学的な投資手法を実践している場合には，「ナンピン買いはタブー説」は当てはまりません。

本書で紹介した投資法では，一定の選別基準と評価基準，売買基準を設定して，慎重に投資対象銘柄と買い値を厳選しています。このような科学的な投資手法を実践している場合には，株価が最初の買い値から10％や15％や20％も下がったら，**自信を持って買い増し（ナンピン買い）をすればいいのです**。いや，しなくてはならないのです。

値上がり期待が濃厚な銘柄を厳選し尽くしているので，最初の買い値よりも10％や15％や20％も安くなれば買い増しするのが正しい投資スタンスですし，ナンピン買いをしたことによって勝ちで終われる事例もたくさんあるので

す。強いて言えば，ナンピン買いを含めなければ「8割以上」というような高い勝率は実現できないのです。

第8節　増益企業への短期投資の売買の手法についてまとめます

［1］　投資の前提と売買の手法についてまとめます

では，本章で紹介した投資手法について要点を整理して，投資の手順を明確にしておきます。

(1)　大前提　投資対象銘柄の選別
　　　～業績を上方修正した企業だけに絞る～

投資対象を国際優良企業と財務優良企業だけに絞ります。詳しくは「第1節 基本編」をご参照下さい。

各四半期決算において10％以上の上方修正を発表した企業だけに絞ります。この絞り込みのために「業績チェックリスト」を作成します。「業績チェックリスト」の詳細については第2節をご参照下さい。

(2)　割安株と成長株の絞り込み

評価点方式によって，「高値づかみの危険」を排除します。評価点が「＋2点以上」の割安株と「－10点以下」の成長株だけに投資対象を絞り込みます。評価点の詳細については第3節の［1］をご参照下さい。

(3)　売買の基準

<1> 買いの指し値の決定方法

　評価点合計が
　①　割安株　――　2点を切る直前の株価
　②　成長株　――　－10点以下となるギリギリの株価
までが，原則的な買い値となります。

<一口コメント>

決算発表直後に株価が高くなった場合でも，決算発表直前の株価からの上昇率が11％未満なら買います。このことについての詳細は，拙著「現役会計学教授が実践している　堅実で科学的な株式投資法」(2018年3月，PHP研究所刊) の pp. 66-70 をご参照下さい。

<2> ナンピン買いの基準

買い値から10％下がった株価でナンピンします（ナンピン1号）。そして，買い値から15％下がった株価でもナンピンします（ナンピン2号）。さらに，買い値から20％下がった株価でもナンピンします（ナンピン3号）。

ナンピン買いの株数は，次のような比率です。

（「1－2－3－4で買う」というのは，「最初の買い1に対して，ナンピン1号の買いを2，ナンピン2号の買いを3，ナンピン3号の買いを4の株数で買う」ことをいいます。）

＜一口コメント＞

割安株・成長株ともに，一定の水準でナンピンしておくことで，負けそうな銘柄をトントンやプラスにもっていくことができます。

<3> ロスカット（損切り）の基準

買い値から25％下がったらロスカットします。また，四半期期限が来たら，ロスでも売ります。ただし，期限を延長した場合はこの限りではありません。

＜一口コメント＞

過去5年3ヶ月間の事例では，買い値から25％下がってしまってロスカットを実行した事例は皆無ですが，念のためにロスカット基準を決めておかなくてはいけないと思います。

ロスカットをするのは、主に「延長した期限（2回先の四半期決算発表の直前）まで保有しても損益がマイナスの場合」だけで、例外的な事例だけです。

<4> 売りの基準

買い値から＋9％が売りの目標株価です。ナンピンした銘柄は、買いの平均単価から＋10％の水準で売ります。

売れなければ、四半期期限で売ります。（期限を延長した場合はこの限りではありません。）

＜一口コメント＞

目標の株価に達するか、四半期期限が到来したら売るという考え方です。ただし、期限を延長した場合はこの限りではありません。

要するに、短期投資の戦略は、
(1) 優良企業が、業績を上方修正した時だけを狙い、
(2) 評価点方式によって、「高値づかみの危険」を排除して、
(3) 一定の売買の基準によって着実に利益を重ねていく
という考え方です。

これによってリスクを極小化しているわけです。

もともと株式というのは、「ハイリスク・ハイリターン」の投資対象なのです。それに対して、上の(1)～(3)のようなリスク極小化戦略を加えることによって、リスクを「ロー」にして、「比較的ハイ」なリターンを実現させているのです。このようにして、夢の「ローリスクで比較的ハイなリターン」の投資が実現できるわけです。

しかしながら、やはり株式投資にはリスクがつきものです。実際に投資をするとなると、どうしてもリスクはついて回るわけですが、リスクのないところにリターンもありません。これは人生の鉄則ですので、多少のリスクは織り込んだ上で、果敢に挑んでいった者にしか資産形成の果実は得られないのはたしかです。リスクはあるが、科学的分析と一定の手間によってリスクを極小化し

てリターンを得るということが，本書で解説した投資法の根底にある思想です。

本書で解説した投資法をもっと知りたい方や実践してみたいという方は，私のホームページ（http://www.prof-sakaki.com/zemi/）にアクセスしてみて下さい。有料情報の他にも，無料メルマガの登録も受け付けています。また，sakaki@prof-sakaki.com にメールをいただければ，可能な限りどんなご質問にも無料でお答えしています。

本書で解説した投資法を青山学院大学大学院のビジネススクールで詳しく解説したところ，学生さんの何名かがこの投資法を真直に実践してくれました。その中の1人の学生さんは，投資資金の総額が500万円〜600万円程度で，2017年度において半年間でビジネススクールの授業料の年額（およそ120万円）を回収できたと喜んでくれていました。私の講義は，青山学院大学大学院のビジネススクールの学生さんの間では「授業料回収講義」と呼ばれているそうで，嬉しいやら恥ずかしいやらといったところです。

その学生さん達が，「この投資法の中で，業績チェックリストを管理するのがやはりめんどうですね。だから，そのような面倒な部分だけは誰かにアルバイトを頼んでやってもらって，その『結果だけ』をみて投資すれば，もっと楽ですよね」と言っていました。

読者の皆さんの中にも，もしかすると「もっと楽をしてこの投資法を実践したい」とお考えの方もいらっしゃるかもしれません。そうお考えの場合には，私のホームページを一度覗いてみて下さい。有料会員（本塾生）になっていただければ，年額98,000円〜198,000円で，私自身が分析した『結果だけ』を知ることができますよ。

ただし，楽をして儲かり続ける方法などというものは世の中にはありませんし，株式投資は自己責任原則の世界ですから，投資家各位がきちんと勉強して，納得していただいた上で私の助言を参考にしていただくのが基本だと思っています。

［２］ 短期投資と中期投資と長期投資の構造的関係について

それでは最後に，短期投資と中期投資と長期投資の構造的関係についてまとめます。

短期投資
- 90％の事例 ── 3ヵ月以内に成功
- 10％の事例
  └ 3ヵ月という短期では失敗
    ┬ 成長株と通常割安株 → 1四半期延長 → 99.4％回復
    └ 安心割安株 → 中期投資か長期投資へ切り替える → 中長期の売りの目標株価を待つ

中期投資　業績推移に関係なく，低PBR銘柄に該当したら中期投資を開始する

長期投資　業績推移に関係なく，安定高配当銘柄に該当したら長期投資を開始する

著者紹介

榊原 正幸（さかきばら　まさゆき）

青山学院大学大学院 国際マネジメント研究科 教授。
元東北大学経済学部 教授。会計学博士。
1961 年，名古屋市生まれ。
1984 年，名古屋大学卒。
1990 年，名古屋大学大学院経済学研究科を経て，名古屋大学経済学部助手。
1993 年，日本学術振興会 特別研究員 (PD) となり，その後，渡英して英国レディング大学に入学。
　　　　帰国後の 1997 年より東北大学経済学部助教授。
2000 年，日税研究賞を受賞。
2001 年，フランス・国立レンヌ第 1 大学の経営大学院にて客員教授として教鞭を執る。同年，英国レディング大学大学院より博士号 (PhD) を授与される。同年，税理士資格を取得。
2003 年，東北大学大学院経済学研究科 教授。
2004 年 4 月から現職。ビジネススクールで教鞭を執る傍らで，東京・青山を拠点にしてファイナンシャル教育の普及活動を続けている。著書・講演会など多数。
最近の著作には，
『現役会計学教授が実践している　堅実で科学的な株式投資法』（PHP 研究所，2018 年）
『大学教授が考えた人生後半のマネー戦略　老後資金，55 歳までに準備を始めれば間に合います』（PHP 研究所，2017 年）
『大学教授が考えた科学的投資法　株は決算発表の直後に買いなさい！』（PHP 研究所，2015 年）
『大学教授が科学的に考えた　お金持ちになるための本』（PHP 研究所，2015 年）
がある。

有料・無料の情報が満載の「兜町大学教授の教え」のＵＲＬはこちら
http://www.prof-sakaki.com/zemi/
メールはこちらまで
sakaki@prof-sakaki.com
メルマガはこちら
https://foomii.com/00136

著者との契約により検印省略	現役の会計学教授が書いた
平成31年2月1日　初版第1刷発行	会計の得する知識と 株式投資の必勝法

	著　者	榊　原　正　幸
	発行者	大　坪　克　行
	製版所	光栄印刷株式会社
	印刷所	光栄印刷株式会社
	製本所	牧製本印刷株式会社

発行所　〒161-0033 東京都新宿区　　　株式　税務経理協会
　　　　下落合2丁目5番13号　　　　　会社
　　　　振替 00190-2-187408　　　　　電話 (03)3953-3301（編集部）
　　　　FAX(03)3565-3391　　　　　　　　　(03)3953-3325（営業部）
　　　　URL http://www.zeikei.co.jp/
　　　　乱丁・落丁の場合は、お取替えいたします。

Ⓒ　榊原正幸　2019　　　　　　　　　　　　　　Printed in Japan

本書の無断複写は著作権法上での例外を除き禁じられています。複写される場合は、そのつど事前に、（社）出版者著作権管理機構（電話 03-3513-6969、FAX03-3513-6979、e-mail：info@jcopy.or.jp）の許諾を得てください。

JCOPY　＜（社）出版者著作権管理機構　委託出版物＞

ISBN978-4-419-06591-1　C3034